U0097821

命理生活新智慧・叢書　21-2

驚爆偏財運

《修訂二版》

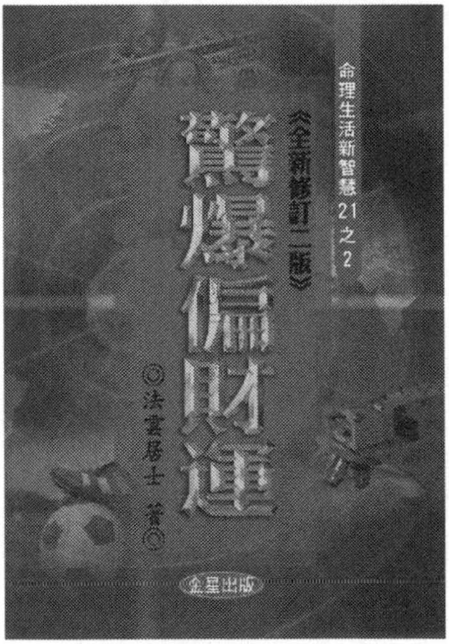

金星出版社 http://www.venusco555.com
E-mail: venusco555@163.com
venusco@pchome.com.tw
法 雲 居 士 http://www.fayin777.com
E-mail: fayin777@163.com
fatevenus@yahoo.com.tw

法雲居士⊙著

金星出版

國家圖書館出版品預行編目資料

驚爆偏財運／法雲居士著，
--臺北市：金星出版：紅螞蟻總經銷，
2011年7月 修訂二版； 冊 ；公分—
（命理生活新智慧叢書；21-2）

ISBN 978-986-6441-48-6（平裝）

1.命書

293.1 100008918

驚爆偏財運《修訂二版》

作　　者：法雲居士
發 行 人：袁光明
社　　長：袁靜石
編　　輯：王璟琪
總 經 理：袁玉成
地　　址：台北市南京東路三段201號3樓
電　　話：886-2-25630620，886-2-27550850
傳　　真：886-2705-1505
郵政劃撥：18912942金星出版社帳戶
總 經 銷：紅螞蟻圖書有限公司
地　　址：台北市內湖區舊宗路二段121巷19號
電　　話：(02)27953656(代表號)
網　　址：http://www.venusco555.com
E-mail：venusco555@163.com
　　　　venusco@pchome.com.tw
法雲居士網址：http://www.fayin777.com
E-mail：fayin777@163.com
　　　　fatevenus@yahoo.com.tw

版　　次：2011年7月　修訂二版　2017年3月加印
登 記 證：行政院新聞局局版北市業字第653號
法律顧問：郭啟疆律師
定　　價：350元

行政院新聞局局版北字業字第 653 號

ISBN :978-986-6441-48-6（平裝）

序

這本『驚爆偏財運』是我所寫的有關偏財運的第二本書，原本的書名是『透視偏財運』。為了聳動一點，有朋友勸我用『驚爆偏財運』這個書名，其實不論用那一個書名，其內容都是將我數年來對『偏財運』的觀察，針對『偏財運』影響了某些人的人生而有所感觸，抒發出來所寫的一本書。

在人們普遍的觀念裡，將『偏財運』視之為『橫財』。『人無橫財不富』也成為理所當然的事情。

事實上，『偏財運』在命理上正確的稱謂應該是『暴發運』。擁有暴發運的人，在其人的命格中都有『暴發運格』。這是人在時間、空間裡和宇宙中的磁場相應和時所產生的一股巨大的能量。因此『暴發運』極重時間與空間的關係，一定得配合妥當，才會產生爆發力量。

有『暴發運』的人，實際上並不一定全是在金錢上獲得財富。『暴發運』也會出現在政治人物、軍警、學者、學生、各行各業的人身上，使他們獲得掌握權力、地位、官位、名揚四海、甚至於在考試運上都能旗開得勝。這是一個非常奇妙的運氣。

世界上有三分之一的人口具有『暴發運格』。而『暴發運格』也有等級之分，有些更必須配合人的智慧與血汗勞力才能獲得。

因此要以為『偏財運』或『暴發運』是橫財、是不勞而獲的人，會失望了！

『暴發運』會改變人生的軌跡，會創造人類的成就，可提高人生的層次，古今中外就有許多明顯的例子。

例如在外國的有：曾任日本首相，後因貪誣罪嫌下台的田中角榮，以及號稱英國及世界最大私人企業公司的維京企業集團的總裁理查．布蘭森先生等等。

在中國的部份有：清代最有名的紅頂商人胡雪巖。

中共前總理江澤民先生。中共副總理朱鎔基先生。

在現今台灣耳熟能詳的人物有：長榮集團的張榮發先生，威京集團的沈慶京先生，鴻海集團的郭台銘先生。

政治人物方面有蔣夫人宋美齡女士，曾任國民黨秘書長的吳伯雄先生，高雄市長吳敦義先生等人。曾任行政院長的郝柏村先生。

在演藝人員方面有號稱大白鯊的陳今佩女士，以及張惠妹小姐等。

以上等人都是因命格中具有『暴發運格』而紅極一時的人物。事實上還有更多的名人具有『暴發運格』，只是我們無法一一參詳知道。

具有『暴發運格』的人數既然佔有全球總人數的三分之一強，其總人數也算不少了。有許多人並不清楚的知道自己具有『暴發運格』，只是隨著人生的轉合起伏而走走停停。既然『暴發運格』有這種特性，且又在那麼多人的身上發生，那勢必就不能說它是一種偶發事件，因此人們將『偏財運』與『暴發運』看做是一種邪惡的、不正當的事情，在觀念上就不對了！

況且『偏財運』與『暴發運格』是無法受人控制、塑造、攔截、消滅的一種力量，是一種需要配合天時、地利、人和等種種因素才能促就而成的力量。故而我們要說它是『天命不可違』，則是一點也不為過的。

在這本『驚爆偏財運』的書中，我會把有關『偏財運』、暴發運格』的種種問題，例如那種人是暴發在金錢方面，那種人是暴發在事業功名方面，暴發運格的形式與走勢，那一年是產生暴發運與偏財運最多的年份，這些人在性格與人生特質上與常人有何不同？他們在暴發後還會遇到那些困擾等等的問題，向你做一個詳細的討論。更希望擁有這項特異功能的人，能確切的把握住驚爆點，站在人生的高峰上永遠屹立不墜，創造有聲有色的人生。

法雲居士　謹識

命理生活叢書 21-2

驚爆偏財運《修訂二版》

序

目錄

驚爆偏財運

第一章　偏財運就是暴發運

在人生許多起落升降的運氣中，最引人入勝、最能為人製造歡樂氣氛的就是『偏財運』了。

一般來說，『偏財運』只是一個極為通俗的說法。在命理上較為正確的稱謂應當是『暴發運格』。

在我的另一本書《如何算出你的偏財運》中就已有揭示，『偏財運』暴發的不只是金錢的部份，還有『偏運』的部份，這就是『暴發運格』真正具有的含意了。

並且我也再三強調『偏運』比『偏財』強。『偏財運』屬於一些中獎呀！意料之外的賺了一票錢呀！老闆突然願意發給你一筆額外的工作獎金呀！或是你意外的得到一筆遺產或退稅金之流的錢財，不管金錢的數目有多大，其金錢的數額還是有限的。

『偏運』—『暴發運』便不一樣了。你不但會因為突然得到顯露才華的大好機會，且會因為這些好運再加上自己的努力與血汗，把你的地位、名聲、權力都提高得很多。再因為你擁有了這些地位與權力、名聲，賺到了很大的財富。在整個『偏運』的事件裡頭，是以權位、名聲為主的突發形式，在金錢的部份只是隨之而來的附加價值而已。

『暴發運格』會改變歷史

我們以蔣夫人宋美齡女士的例子來說，在她三十二歲時暴發『武貪格』暴發運時，和先總統　蔣公結婚，隨即貴為第一夫人，參與國政，成為八年抗戰及二次世界大戰中舉足輕重的人物。倘若沒有這個『武貪格』暴發運的良好機會，宋家王朝也不可能形成，近代中國的歷史便要改寫了。

因此『暴發運格』會影響歷史、國運，也會改變一個人一生的運裡，這與只是發點錢財的『偏財運格』比起來，是不是格局更大、影響更深遠呢？

『暴發運格』會製造豐功偉業

另外古代秦朝的秦始皇也是具有『暴發運格』的人，他所下令建造的萬里長城雖是勞民傷財的產物，但是在二十世紀太空人登陸月球時，在太空中俯視地球，卻一眼認出了中國的萬里長城，可見這也是千秋萬世的功業之一了。

秦始皇還有其他的功業，例如一統江山、統一文字、制定法律、創造法治社會以及一些科學發明等等。故而『暴發運』也可以創造蓋世不朽的功業。

我們還要注意到的是：『偏財』最多只是一家之富，你暴發錢財之後，最多會讓你的親人、朋友沾沾光。而『暴發運格』影響的人較多，層面也較廣大而深遠。這就是暴發運格中的『偏運』比『偏財』強的理由了。

『暴發運格』有很多種的形式。屬於暴發錢財方面的『偏財運格』也有很多的形式，逐一不同，有旺弱等級之分。

命理格局相同，命運為何不同？

常有一些人問我，為什麼我的命盤格局和某某人的相同，但是他貴為高官，而我卻只是默默無聞的小市民呢？而且某某人以前也是一個小角色，為什麼他的運氣就比我好？

在回答這個問題時，我覺得提出這個問題的人，其實在其內心深處已心知肚明的擁有某些答案了，只是有一點不甘心而已。

在紫微命理中，命盤格式雖只有十二個大體的型式，但是大小星曜有八十一個之多，因年、月、日、時的不同，相互變位組合，而製造出幾千萬個不同組合的命盤，我們看81的4次方（81^4）（因年、月、日、時四種不同的變化）就有43,046,721種組合，四千三百萬種組合呀！每一個大小星曜進出所在的宮位不同，在人所擁有先天的資源不同，如智慧、處事方式、家庭結構等的不同，和後天助力的不同，（自身的努力與運氣的循環運行的方式的不同）都再再影響人一生的成就高低。

我常說：人的運氣如宇宙間的幅射線一般多。況且還有『偏財運』和『暴發運格』這種特異的幅射線，你是否能在每一個關節要點都抓住了呢？而成功的人，命格高的人，他們就是勇於抓住機會的人。俗語說：人比人、氣死人。我們在分析別人與自己的命盤之時，更應該瞭解別人是如何抓住機會的，在我自己的運命過程裡又有那些機會？這就是我要教你為自己製作一張運命圖，和『運氣曲線圖』，以及利用『運命周期表』來幫助自己更瞭解自己該走的路。以及在何時是個轉捩點或該著力的時間。這些會在後面的章節中提到。你若命格中更擁有『暴發運格』的人，是更不該錯過這些單元了，那會幫助你整合整個的人生，在有暴發運的年份裡將一飛衝天，不但能抓住機會，且更能奠定『暴發運』的基石。

凡是有『暴發運格』的人，一生會有多次暴發運的機會，但是每一次的機會都有強弱的不同。一生只有一次最高的機會，這就是大運、流年、流月皆逢『暴發運格』的時間。因此要確切掌握這個機會並不容易。稍有不慎或猶豫不前，便會浪費了這個人生極度的旺運機會，這也就是人有不同，命也不同的最佳寫照了。

第二章 具有暴發運格的人在性格上有何特質

一般人只要在提到具有『偏財運』的人在性格上的特質，或是有『暴發運』的人，其人在性格上的特質，大家都很有興趣，希望能藉此比對一下，看看自己有沒有這些特質，做為確定自己有沒有『偏財運』或『暴發格』的依據。

不過呢！縱然性格有雷同，還是要以命盤格局成格為主，否則你也是空歡喜一場。

雖然『偏財運』同屬『暴發格』中的一項，但我通常將之分開來講。**以『偏財運』代表金錢方面的暴發格。而以『暴發運』代表權位、官階、人生層次定位、學歷、名聲階段的『暴發運格』**。好讓讀者更容易分辨清楚。

我們就整個的『暴發格』來看，其組成的星曜，不外乎武曲、貪狼、火星、鈴星四顆星。每一顆星所代表的意義不同，在人的性格裡產生古怪、怪癖，或是行運逢之的流年運程中也會對人之性格產生各種特殊的影響。

偏財運格（暴發運格）的星曜

武曲星

武曲是財星，入命宮或行運逢之，會有剛直、頑固、性急、不認輸、重言諾、有時冥頑不靈，但器量寬宏，對金錢財運有敏感性，對錢財數字有觀念，為人剛毅果決，義無反顧。若遇化權同位，則有無比的勇氣，敢於掌握、爭取生殺大權，在財富及權力、政治地位方面敢於一爭長短。若有化祿同位，則可增進其人在人際關係上的圓融，並且在智力精明方面也偏向對金錢財富的關注。

若有化科同位，其人則在金錢的獲得與運用方面很懂得技巧，是一個既會賺錢（用高尚方式賺錢），又會用錢及理財（精於計算、節省）的人。

若有武曲化忌的人，縱然武曲星居廟旺之位，其人一生中的『暴發格』不發，或是你從來不曾感受到有『偏財運』或『暴發運』。在流年、流月運行到武曲化忌的人，會有金錢上的麻煩、困擾、窮困、欠債，也可能在該年破產或有與金錢有關之官司纏身。

貪狼星

貪狼星是好運星、偏運星，是擁有許多意外的、人緣上的風雲際會，而創造出來的運氣。入人之命宮或行運逢之，會有性情急躁，做事快而馬虎潦草，好動、驛馬強、愛爭、愛表現、多才多藝，對什麼事都有興趣，但三分鐘熱度、沒有持久性。桃花強、人緣好、能言善道、為人自傲、喜怒無常、慾望太多而強烈、做事喜歡投機取巧、喜歡表面美麗之事物。

若有化權同位，貪狼化權在人之命宮或流年逢之，則能創造並主控所有的好運機會，其人心智聰敏活躍，亦會敢於爭取生殺大權，敢做別人不敢嘗試的事情。並且在財富、權力、政治地位、考試、人緣方面、敢於出頭替自己爭取。若有化祿同位，貪狼化祿偏向人際關係的掌握以及錢財、和『偏財運』上的掌握。行運至貪狼化祿的年份裡，你會特別精明能幹、股票、期貨、意外之財都特別有機會賺錢。

若有化忌同位，當貪狼化忌出現在人之命宮時，其人在身體上會有美中不足的瑕疵，可能臉上、頭上、手上有疤，有時候是表面看不出來的，有時是個性問題，有時要其本人才會知道問題在那裡？『貪狼化忌』就是運氣有問題、運不好。貪狼化忌行運在流年裡時，偏財運會有瑕疵。尤其是在『暴發運格』中逢到，不是根本感覺不到好運的到來，就是稍有一點好運，緊接著便有災禍隨至，禍不單行，引以為苦。

火星

火星是六煞星之一，但遇貪狼可解，形成『火貪格』偏財運，有最高的旺運。火星的習性是剛烈、隨時爆發、一觸即發、喜歡爭強鬥狠、急躁不安定、效率快、虎頭蛇尾、奔波勞碌、是非爭鬥不停、刑剋官非嚴重、記憶力好、外虛內狠、亦會發生火災、傷災。

鈴星

鈴星亦是六煞星之一，但遇貪狼可解。形成『鈴貪格』偏財運，也是最高的旺運之一。鈴星的習性是性急孤僻、有急智、性格陰沈剛烈、心胸狹窄、愛爭強鬥狠、反應快、聰明伶俐、是智慧型的煞星，但做了事常後悔、性格太情緒化，有刑剋，官非嚴重，奔波勞碌之苦，亦會發生車禍、血光、傷災、發炎等事故。

由上述這四顆星的特質來看，我們就會很輕易的發現。擁有『武貪格』『暴發運格』的人，就擁有武曲、貪狼這兩顆星的特質，不論你是正坐在『武貪命格』上或是流年行運在『武貪格』上，你都會具有以下的特質。當然，命坐武貪的人，是一生都是有這種特質的。而流年行運在『武貪格』暴發運上的人，不論你是天同坐命卯、酉宮的人，亦或是太陰坐命卯、酉宮的人，亦或是太陽坐命巳、亥宮的人，更可能你是廉破坐命的人，只要是流年行運在『武貪格』，你在有暴發運的那一年都會具有以下的特性。

具有『武貪格』的人其性格特性

擁有『武貪格』的人，在性格上都有：

一、剛直不阿，能擇善固執的性格。剛毅果決，決不會受別人的唆使或誘惑就改變其意志力。他們是直來直往，一根腸子通到底的人，通常說話是非常簡單扼要、話少，不會與人東拉西扯的涉及是非。為人也是是非黑白分明。

二、擁有『武貪格』或行運『武貪運格』的人，通常都會辦事利落，快下決定，凡事都速戰速決，決不拖泥帶水。尤其是涉及金錢和信譽的問題，他們會當機立斷，與對方算清楚。並且信守自己的承諾。

三、擁有『武貪格』的人，性子都很急躁，他們對於金錢財富有其自成一格的敏感性。尤其是在『暴發運格』即將發生之時，更為明顯。對於自己的前途方向，他們有很清楚的確切方向，會朝著目標一直堅持的努力。有的時候，旁邊的人會很奇怪的以為他們為什麼這麼傻？會這樣的堅持一直付出，可是等到暴發運產生時，大家就會明瞭，原來這個人是有先見之明的。

四、命書上說：『武貪格為晚發趨勢。武貪不發少年人。』這是指武曲坐命的人和貪狼坐命的人，或是武貪坐命的人而言。武貪坐命者最大的爆發運（偏財運）大概在三十五歲或三十六歲左右。

而實際上，『辰戌武貪格』的人，在二十四歲及二十八歲就開始行運爆發，每逢龍年、狗年暴發運會讓其財富或事業上的成就呈倍數上升，聲勢浩大。

就像威京集團的總裁沈慶京先生的神奇故事一般。

沈慶京先生在十七歲的少年生涯因參加幫派而殺人坐了三年牢，在獄中便痛定思痛的決心改變自己的人生。（這也是『武貪格』的人特有的自省氣質）。出獄後為斷絕和幫派的來往，便立即去當兵服兵役，服完兵役又立即上船去做跑船的工作。二十四歲下船後，他又做了許多打雜跑腿的工作，包括了做停車場的管理員等。就在這一年他到一間報關行工作，從新學起，在報關行四個月的工作期間，他便看準了紡織配額的買賣是一件可以賺錢的事，隨即出來自組辦公室。民國六十五年丙辰年（龍年）他已在紡織界的領域中以買賣配額、地位、財力都極為顯要了。接下來的民國七十一年壬戌與民國七十七年的戊辰年都是關鍵的轉捩點，沈先生創立京華證券，以及其他的跨業集團。

現今的沈慶京先生，不但在外國擁有許多控股公司，其財富更以美金千億來計算。

我常說：有『武貪格』的小孩是不容易變壞的。因為他們在先天的知覺上就知道自己擁有異於常人的好運道，有這麼多可以賺錢，又可以得到成功的機會，可以受人尊敬。在正路上的機緣就比別人好，為何捨近求遠？被人不恥呢？因此有『武貪格』的人，縱然是年輕時有某個時段的糊塗，（例如走太陽陷落或巨門陷落的運程，會鬧事入獄）但運程轉好，尤其是暴發運即將來到時，他們會立即明白是怎麼一回事，並且好好的反省自己應該走的路程。

『丑未武貪格』的人，在暴發運程的早晚快慢上也是有不同的時間的。

具有『丑未武貪格』的人，一般來說，是在三十歲以後陸續爆發極大的偏財運或暴發運。但是陽巨坐命的人，若又是陰年生的男子，陽年生的女子，在二十一歲左右逢丑未年武貪流年時即會暴發『暴發運』了。目前在歌壇正紅的張惠妹小姐即是一例了。

但是『丑未武貪格』在命盤格局上有些弱點，這個部份我在後面的章節中會分析清楚。因此『丑未武貪格』在後繼之力上較弱，不像『辰戌武貪格』那樣能後浪推前浪，推波助瀾，且環環相扣，前進至最高峰。

五、『大起大落』的人生，在有『暴發運格』的人身上極易常見。這也就是暴發運的『暴起暴落』的慣性起伏原理了。

『辰戌武貪格』的人，在命盤上命理結構較堅實，而且能做到大事業的人，命中多半帶財星，再加上六年一次的暴發運前後連接，因此遇到『暴起暴落』的年份時，憑其剛毅的性格，人緣的應用，很容易能過關，邁進更高的境界。

就像一九九八年時瑞聯集團的財務危機事件也是一樣的。瑞聯集團的總裁周啟瑞先生是武曲坐命的人，在民國七十七年（西元一九八八年）戊辰年（龍年）暴發，房地產賣得很好，隨即由房地產業轉向紡織、航空……等行業，形成一個集團王國，在當年一九九八年戊寅年走七殺運程，這是一個人生中的『殺破狼』格局，會遇到重大變革的年限。七殺運是一種辛苦打拼的運程，只要能度過此運程，其人的前途格局又能創造新境界了。再加上辰年（龍年）的暴發運即將到來，『七殺運』可幫助瑞聯先整理財務，以便迎接另一個階段的壯大茁壯。因此我覺得周啟瑞先生在屬於暴落的七殺運裡只要多辛苦一點，難關是一定會過的。並且是『柳暗花明又一村』的境界。

至於命盤格式是『丑未武貪格』的人（此即為命盤格式為『紫微在巳』、『紫微在亥』兩個命盤格式的人），因命盤中有連續四個空宮，又有廉破運夾在其中，暴發運的連接性不夠好，兩次暴發運中間相隔了十二年之久，因此暴起暴落的時期比較長，會有一厥不振的感覺。這也必須靠有堅強的意志力才能解決。

具有『火貪格』、『鈴貪格』的人其性格特性

擁有『火貪格』、『鈴貪格』的人，其人在性格上都有：

一、急躁不安定。性格上有無法沈穩、情緒起伏很大的問題。因此在暴發運途上也有快起快落的特性。

二、擁有『火貪格』、『鈴貪格』的人在性格上偏向對錢財的渴求。因為他們都有做事潦草馬虎，凡事不耐煩的特質，因此無法堅守固定的工作和職位。他們也都有『喜變』、『善變』的愛好，不喜受約束，也不喜擔當太多的責任，以免受制。

三、有『火貪格』、『鈴貪格』的人，本性較好賭。不論是參與金錢上的賭博，或是以人生為賭注，他們都常輕易的去嚐試，這與『武貪格』的人膽大心細，只以人生和事業做賭注，有所不同。

『武貪格』的人偏向對事業的追求。『火貪格』、『鈴貪格』的人偏向錢財的追求。

四、『火貪格』、『鈴貪格』的人，每逢『暴發運格』的年份，性情都會格外火爆急躁，有時候只是發了一點小財便沾沾自喜，以致錯過了真正發大財運的機會。

再加上『火貪格』、『鈴貪格』中最重要的星曜火星、鈴星，只有在寅、午、戌等三宮位為居廟旺之位，而在戌宮，『火、鈴、貪』是和『武貪格』相結合，為一起爆發的『雙重偏財運』格局。午宮貪狼居旺，寅宮貪狼居平，因此『火貪格』、『鈴貪格』除了在子、午宮所形成的偏財運較強，其他的偏財運皆是中等以下的格局。

在爆發偏財運的年齡上也以三十歲以上至三十九歲之間為主。

五、『火貪格』與『鈴貪格』在暴發上的速度很快，暴落的速度也很快，這是因為火星、鈴星、貪狼皆有速戰速決的特性，並且所暴發的是金錢，花掉亦很容易。具有『火貪格』、『鈴貪格』的人，多半具有好大喜功的性格，這也是暴落迅速的原因之一。

有了上述的分析，大家就會明瞭，實則具有『暴發運格』或『偏財運格』的人，在天生的性格中，都已具備了堅強性、直接性、好衝、好動的積極性。有了這些強力的生命力，當然會尋找最適合的舞台來綻放美麗的花朵了。

驚爆偏財運

第三章　偏財運與暴發運的種類

前一個章節提到『偏財運就是暴發運』。你會奇怪為什麼現在我又把『偏財運』與『暴發運』分開來講？

在命理中，我們一般將偏財運歸之為講『財』的部份，而『偏財運』實則是『暴發運格』中的一部份，因『暴發運格』分為『偏財』與『偏運』的關係而致。現為幫助讀者好分辨，特將『暴發錢財』的部份稱『偏財運』。暴發事業、權力、功績、名聲、地位的稱之為『暴發運』，以此區分二者的不同。

因『偏運』比『偏財』強，格局也大，故我們先談『暴發運格』。

驚爆偏財運

暴發運格的種類

『暴發運格』中最主要的主幹是『武貪格』，也就是武曲和貪狼星同宮和相照時組成的格局。

武曲和貪狼星只會在丑宮、未宮同宮，而在辰宮、戌宮為相照的局面。這也是說**只有『紫微在巳』、『紫微在亥』，以及『紫微在寅』、『紫微在申』四個命盤格式的人，才會擁有『武貪格』**的好運。

在十二個命盤格式中，『武貪格』的命盤格就佔了三分之一，好像有『暴發運格』的人就佔了全體人類的三分之一似的。其實不然，這還必須扣除某些人雖具有『武貪格』，但格局有瑕疵、有破格、化忌、劫空，造成根本不能形成爆發局面的人，因此真正能爆發的人是不及三分之一的。另外還要加上『火貪格』、『鈴貪格』中合格的人，才能真正說有偏財運或有暴發運的人，佔有三分之一的人數。

『**武貪格**』分為兩種，一、是在『辰、戌』宮武曲、貪狼相照的一組，我們將之稱為『辰戌武貪格』。二、是在『丑、未』宮武曲、貪狼同宮的一組，我們將之稱為『丑未武貪格』。

辰戌武貪格

『辰戌武貪格』是以命盤格式『紫微在寅』、『紫微在申』這兩個命盤組合的人為主的。共有二十四種不同的命宮人士會擁有這等好運。

例如在命盤中貪狼在辰宮、武曲在戌宮的『**紫微在寅**』**命盤格式中**，就有1.破軍坐命子宮的人。2.天機坐命丑宮的人。3.紫府坐命寅宮的人。4.太陰坐命卯宮的人。5.貪狼坐命辰宮的人。

6.巨門坐命巳宮的人。7.廉相坐命午宮的人。8.天梁坐命未宮的人。9.七殺坐命申宮的人。10.天同坐命酉宮的人。11.武曲坐命戌宮的人。12.太陽坐命亥宮的人。

而命盤中武曲在辰宮、貪狼在戌宮的**『紫微在申』命盤格式中**，就有1.廉相坐命子宮的人。2.天梁坐命丑宮的人。3.七殺坐命寅宮的人。4.天同坐命卯宮的人。5.武曲坐命辰宮的人。6.太陽坐命巳宮的人。7.破軍坐命午宮的人。8.天機坐命未宮的人。9.紫府坐命申宮的人。10.太陰坐命酉宮的人。11.貪狼坐命戌宮的人。12.巨門坐命亥宮的人。

上述這些人在辰宮和戌宮都會出現武曲星和貪狼星，形成『武貪格』，因此我們稱其為『辰戌武貪格』。

『辰戌武貪格』的特性

『辰戌武貪格』的**第一個特點**是凡是擁有此格的人，會在辰年（龍年）或戌年（狗年）暴發旺運，也就是每逢辰年或戌年就會形成一個爆發點。

第二個特點就是『辰戌武貪格』多暴發在事業上，再經由事業飛黃騰達而獲得大量的金錢財富。

紫微在寅

巨門 巳	廉貞 天相 午	天梁 未	七殺 申
貪狼 辰			天同 酉
太陰 卯			武曲 戌
紫微 天府 寅	天機 丑	破軍 子	太陽 亥

紫微在申

太陽 巳	破軍 午	天機 未	紫微 天府 申
武曲 辰			太陰 酉
天同 卯			貪狼 戌
七殺 寅	天梁 丑	廉貞 天相 子	巨門 亥

第三個特點就是擁有『辰戌武貪格』的人，為人多半較剛強鐵齒，較喜歡在事業上衝刺做發展，很少會參與賭博遊戲，因此其人生運程在暴發運所含的『暴起暴落』的特質裡，多半是因事業的起落為主。不會因賭博而敗落的。這是與其他具有『暴發運格』的人不同之處。

第四個特點是『辰戌武貪格』是較容易製造異軍突起，而大富大貴之人生的格局。為什麼這麼說呢？

因為『辰戌武貪格』有其固定爆發的年限，前一個『暴發運程』很可以做後一個『暴發運程』的墊腳石。我們由後面的『辰戌武貪格』的暴發運圖上就可以看出，在辰年和戌年兩個爆發點中間的年份中雖有運氣的升降起落，但其升降的層次是比所有其他命盤格式的人情況較佳的型式。因為有連接的運氣，再遇暴發運時，在事業上就可以數十倍、數百倍或可能是數千倍的速度急速向上竄升。

現今在台灣就有許多例子，如在西元一九八二年（民國七十一年）的壬戌年就有許多人因暴發運成為名商富賈。就像長榮航運的張榮發先生在那時成立長榮航空將事業推展至天空。威京集團的沈慶京先生從不諱言在西元一九八八年（戊寅龍年）的時候，集團擴展迅速，事業擴及海外。就連瑞聯集團的周啟瑞先生也是由龍年時暴發旺運，由建築房地產業跨足到其他的行業而形成瑞聯集團的。

因此『辰戌武貪格』是暴發威力最大的暴發運格了，它所創造出的財富也不是能以一般市價來評估的。

另外像政治界的吳伯雄先生也是『辰戌武貪格』的人，因其家財雄厚，所以我們很難看得出其在財富上增多的現象，但是由其人在數十年政治當紅的情況看來，也可瞭解其『辰戌武貪格』暴發的威力了。

此外在演藝界有大白鯊之稱的歌星陳今佩小姐也是『辰戌武

貪格』的人，在一九八七年底回國演唱，經由一九八八年表演『木瓜秀』創造財富數億元。後因房地產敗落，這就是沒有掌握好『暴發運』所具有的特質『暴起暴落』而引以為憾了。

第五個特點，暴發運都具有『暴起暴落』的特質。而具有『辰戌武貪格』的人，因命盤格局具有較強勢的作用，只要掌握得好，野心不要太大，衝力不要太快，還是可以有效掌握住的。因此凡是具有『暴發運格』的人，外緣關係最要緊，才能遇貴人扶助而渡過難關。故而在我看來瑞聯集團的財務危機並不非常困難，可以度過，至龍年時又是鯉躍龍門的時機了。

『辰戌武貪格』的暴發運多半在龍年發富，西元一九七六年，民國六十五年的龍年時也產生許多富翁。例如沈慶京先生就是在這一年起運，財富扶搖直上的。而戌年（狗年）在爆發運中是一個接力點。狗年亦是有暴發運，但我們從觀察中得知狗年的暴發運，在『辰戌武貪格』中是稍弱的一環。究其根源，這主要是因為較多擁有『辰戌武貪格』暴發運的人，都是屬於『紫微在申』命盤格式的人，而辰年逢武曲財星坐鎮的結果而在財富上大有斬獲。而戌年逢貪狼運，所帶來的是更好更旺的機會運氣。正因為如此，辰年與戌年運氣的相互接力扶助，是故擁有『辰戌武貪格』而又命盤格式為『紫微在申』的人，能夠在所有『武貪格』暴發運所獲得的旺運時間較為持久，財富也累積得最多。

而擁有『辰戌武貪格』命盤格式為『紫微在寅』的人，在戌年雖逢武曲財星而暴發，一方面因武曲財星，五行屬金，在戌宮為火宮，金被火剋，故在戌宮的武曲之財不如在辰宮之武曲財星多，算是稍小之財，這是財富的層次問題。另外是運氣問題：接下來逢流年不利，連遇亥、子、丑三個弱運流年，以致財運敗盡，就像陳今佩小姐一樣，因此在財運方面、事業格局的起伏上下與大小方面，無法與『紫微在申』命盤格式的人相提並論了。

丑未武貪格

『丑未武貪格』是『紫微在巳』、『紫微在亥』這兩個命盤格式的人所擁有的暴發運型式。共有二十四種不同的命宮人士會擁有這種暴發運。

例如在命盤中武曲、貪狼同坐在丑宮的**『紫微在巳』命盤格式**中就有1.同陰坐命子宮的人；2.武貪坐命丑宮的人；3.陽巨坐命寅宮的人。4.天相坐命卯宮的人。5.機梁坐命辰宮的人；6.紫殺坐命巳宮的人。7.坐命午宮為空宮有同陰相照的人。8.坐命未宮為空宮有武貪相照的人。9.坐命申宮為空宮有陽巨相照的人。10.廉破坐命酉宮的人。11.坐命戌宮為空宮有機梁相照的人。12.天府坐命亥宮的人。

而命盤中有武曲、貪狼同坐未宮的**『紫微在亥』命盤格式中**有1.坐命子宮為空宮有同陰相照的人；2.坐命丑宮為空宮有武貪相照的人。3.坐命寅宮為空宮有陽巨相照的人。4.廉破坐命卯宮的人。5.坐命辰宮為空宮有機梁相照的人。6.天府坐命巳宮的人。7.同陰坐命午宮的人。8.武貪坐命未宮的人。9.陽巨坐命申宮的人。10.天相坐命酉宮的人。11.機梁坐命戌宮的人。12.紫殺坐命亥宮的人。

上述『丑未武貪格』的暴發運會在丑年和未年發生。基本上『丑未武貪格』在命盤格局上就有許多缺點，因此能成為鉅富或者是名人的機會是不如擁有『辰戌武貪格』的人機會良好。

擁有『丑未武貪格』中較有名的人物有蔣夫人宋美齡女士、遭男友刺死的星相家陳靖怡小姐、市議員林瑞圖先生以及年青的歌手張惠妹小姐、以及歌手張學友先生。

。

紫微在巳

紫微 七殺 巳	午	未	申
天機 天梁 辰			廉貞 破軍 酉
天相 卯			戌
太陽 巨門 寅	武曲 貪狼 丑	天同 太陰 子	天府 亥

紫微在亥

天府 巳	天同 太陰 午	武曲 貪狼 未	太陽 巨門 申
辰			天相 酉
廉貞 破軍 卯			天機 天梁 戌
寅	丑	子	紫微 七殺 亥

『丑未武貪格』的特點

在觀察中我發現『丑未武貪格』的擁有者中，以武貪坐丑宮，在丑年暴發的人，在事業上比較有成就。而武貪坐未宮的人成名的人較少。這是一個非常有趣的事情。（但歌神張學友先生正是武貪在未宮坐命的人）

『丑未武貪格』既然也同屬暴發運格，但為什麼都不如前者

所談的『暴發運格』有鉅富型大富大貴的機會呢？

這個問題有許多明顯的理由。

第一：『丑未武貪格』中的武曲、貪狼雙星不是同宮在丑宮，便是同宮在未宮，而對宮形成空宮相照的格局。（請看『紫微在巳』、『紫微在亥』命盤格式）倘若此空宮中有火星、鈴星進入時，可形成『雙重暴發運』，其一生的成就非凡。但此空宮若有擎羊、陀羅、劫空進入時，暴發運又形成破格的局面了。

第二：擁有『丑未武貪格』的人，在命盤格局中擁有的空宮弱運太多的原故，以致後運不濟。例如『紫微在巳』命盤格式的人，有午、未、申、戌是空宮，酉宮是廉破，流年逢酉宮也不是好運道，有破財之象的原故。而『紫微在亥』命盤格式的人，有子、丑、寅、辰是空宮，卯宮是廉破，流年逢空宮為弱運，逢卯宮有破敗之象，亦是不佳。因此擁有『丑未武貪格』暴發運的人，在人生中的運程裡有半壁江山皆在弱運之中無以為繼了。

第三：『丑未武貪格』的人，在命理格局上財星的組合有瑕疵不夠旺盛，財星的纏度（旺度）位次除了武曲居廟位之外，其他的財星旺度都不夠高。人生運行的流年地支宮位中，不主財的星曜多，且又有財星陷落的困擾。

例如：『紫微在巳』命盤格局的人，在寅年走太陽、巨門的運程，在辰年走天機、天梁運。

『紫微在亥』命盤格局的人，在申年走陽巨運，在戌年走機梁運，皆是不主財的運程。而『紫微在亥』命盤格式中尚有太陰財星在午宮陷落的問題。

第四：『丑未武貪格』的人，很容易是壬年或癸年生的人，會擁有武曲化忌或貪狼化忌，直接傷害暴發運。

由上述種種原因看來，『丑未武貪格』的人，想要擁有命宮三方四正都清正，沒有煞星侵擾，而有機會成為像蔣夫人宋美齡女士一般貴為領袖夫人，為第二次世界大戰做出貢獻的人，實在是不多的。

偏財運格的種類

偏財運格中，以『火貪格』和『鈴貪格』為主。也就是火星和貪狼，鈴星和貪狼同宮或相照時形成的格局。

為什麼將『火貪格』、『鈴貪格』歸類成『偏財運格』呢？難道它們在事業上就不能也產生暴發運了嗎？

當然也是可以的。只不過凡是其有『火貪格』、『鈴貪格』的人，也都會對金錢有特殊的偏好，就像軍警人員和一般人擁有了『火貪格』、『鈴貪格』暴發後，雖也在名聲上創造響亮的佳績，但也多半會得到獎金做一個完結。

而且具有『火貪格』和『鈴貪格』的人賭性較強，也比較愛以金錢來衡量成就。因此我們將之歸類『偏財運格』。

現在我逐一說明『火貪格』和『鈴貪格』在每個命盤格式中形成的狀況。

命盤格式『紫微在子』、『紫微在午』

寅、午、戌年生的人，又生在巳時、亥時的人有『火貪格』。

生在卯時、酉時的人有『鈴貪格』。

申、子、辰年生的人，又生在辰時、戌時的人有『火貪格』。

生在寅時、申時的人有『鈴貪格』。

巳、酉、丑年生的人，又生在卯時、酉時的人有『火貪格』。

生在寅時、申時的人有『鈴貪格』。

亥、卯、未年生的人，又生在卯時、酉時的人有『火貪格』。

生在寅時、申時的人有『鈴貪格』。

子午火貪格、鈴貪格

在『紫微在子』、『紫微在午』兩個命盤格局中，以在子宮或午宮有火星、鈴星進入時，會形成『火貪格』、『鈴貪格』暴發運，因此稱做『子午火貪（鈴貪）格』。在這其中又以『紫微在子』命盤格局中，火星、鈴星與貪狼同在『午』宮時的偏財運最強，暴發的錢財最多。在事業上也容易形成『暴發格』。

其次則是『紫微在午』命盤格式中，火星、鈴星在午宮出現居廟，而貪狼坐子宮時居旺的偏財旺運了，這主要的原因是火星、鈴星在子宮陷落偏財運較不顯著。而在午宮居廟，貪狼在子、午宮皆居旺，因此當然是星曜全在廟旺之位，偏財運較大了。

驚爆偏財運

『紫微在子』命盤格式中火星、鈴星與貪狼同在午宮時，在子午火（鈴）貪格中，偏財運最旺

紫微在子

太陰 巳	貪狼 火星（鈴） 午	天同 巨門 未	武曲 天相 申
廉貞 天府 辰			太陽 天梁 酉
卯			七殺 戌
破軍 寅	丑	紫微 子	天機 亥

『紫微在午』命盤格式中火星與鈴星同在午宮時、貪狼居子宮時，在『子午火（鈴）貪格』中，偏財運為次旺。

紫微在午

天機 巳	紫微 火星（鈴） 午	未	破軍 申
七殺 辰			酉
太陽 天梁 卯			廉貞 天府 戌
武曲 天相 寅	天同 巨門 丑	貪狼 子	太陰 亥

命盤格式『紫微在丑』、『紫微在未』

在『紫微在丑』、『紫微在未』命盤格式中：

寅、午、戌年生的人，又生在辰時、戌時的人有『火貪格』。
生在寅時、申時的人有『鈴貪格』。

申、子、辰年生的人，又生在卯時、酉時的人有『火貪格』。
生在丑時、未時的人有『鈴貪格』。

巳、酉、丑年生的人，又生在寅時、申時的人有『火貪格』。
生在丑時、未時的人有『鈴貪格』。

亥、卯、未年生的人，又生在寅時、申時的人有『火貪格』。
生在丑時、未時的人有『鈴貪格』。

巳亥火貪格、鈴貪格

在『紫微在丑』、『紫微在未』兩個命盤格局中，以火星和鈴星進入巳、亥宮時和廉貞、貪狼二星同宮或相照而形成『火貪格』和『鈴貪格』，因此也稱做『巳亥火貪格或巳亥鈴貪格』。但是因廉貪在巳、亥宮皆居陷落之位的關係，偏財運的強度極弱。倘若火星、鈴星在巳宮出現與廉貪同宮或相照的，還可能會有數百萬元之資的暴發運。這在偏財運中是小巫見大巫了。

至於火星、鈴星在亥宮與廉貪同宮或相照的人，偏財運很少，大概有數十萬元之資，也可能不發，這是因為火、鈴與貪狼都陷落的關係。

在這個『紫微在丑』、『紫微在未』命盤格式裡的人，還要注意的是：屬於這兩個命盤格式的人，有許多人在命盤格局中的巳、亥宮都會出現化忌星（如廉貞化忌、貪狼化忌）和天空、地劫等煞星，這也是造成無法暴發『偏財運』的關係之一。

『紫微在丑』命盤格式中火星、鈴星與廉貪同在巳宮時，是『巳亥火（鈴）貪格』中，偏財運較旺

紫微在丑

廉貞 貪狼 火星（鈴） 巳	巨門 午	天相 未	天同 天梁 申
太陰 辰			武曲 七殺 酉
天府 卯			太陽 戌
寅	紫微 破軍 丑	天機 子	亥

『紫微在未』命盤格式中火星與鈴星在巳宮時、廉貪居亥宮時，彼此為相照關係。是『巳亥火（鈴）貪格』中，偏財運次旺。

紫微在未

火星（鈴） 巳	天機 午	紫微 破軍 未	申
太陽 辰			天府 酉
武曲 七殺 卯			太陰 戌
天同 天梁 寅	天相 丑	巨門 子	廉貞 貪狼 亥

上述這兩個命盤是在『紫微在丑』、『紫微在未』這兩個命盤格式中偏財運較高的，但在所有的『暴發格』中仍屬於較低層次的暴發運了。

命盤格式『紫微在卯』、『紫微在酉』

在『紫微在卯』、『紫微在酉』命盤格式中：

寅、午、戌年生的人，又生在寅時、申時的人有『火貪格』。

生在子時、午時的人有『鈴貪格』。

申、子、辰年生的人，又生在丑時、未時的人有『火貪格』。

生在巳時、亥時的人有『鈴貪格』。

巳、酉、丑年生的人，又生在子時、午時的人有『火貪格』。

生在巳時、亥時的人有『鈴貪格』。

亥、卯、未年生的人，又生在子時、午時的人有『火貪格』。

生在巳時、亥時的人有『鈴貪格』。

卯酉火貪格、鈴貪格

在『紫微在卯』、『紫微在酉』兩個命盤格局中，以火星和鈴星進入卯宮或酉宮時，會暴發『偏財運』，因此稱做『卯酉火貪格或卯酉鈴貪格』。其中以火星、鈴星和紫貪同宮於酉宮時為稍強。而以火星、鈴星在卯宮居平陷之位較弱。此運可中一些小獎、買賣股票、在升官、考試上得到意外較佳的機會，也會使得名聲響亮，人緣大好。

『紫微在酉』命盤格式中以火星、鈴星和紫貪同在酉宮時，在『卯酉火（鈴）貪格』中，偏財運最強

紫微在酉

武曲 破軍 巳	太陽 午	天府 未	天機 太陰 申
天同 辰			紫微 貪狼 火星（鈴） 酉
卯			巨門 戌
寅	廉貞 七殺 丑	天梁 子	天相 亥

『紫微在卯』命盤格式中火星與鈴星在酉宮時、紫貪居卯宮時，在『卯酉火（鈴）貪格』中，偏財運為次強

紫微在卯

天相 巳	天梁 午	廉貞 七殺 未	申
巨門 辰			火星（鈴） 酉
紫微 貪狼 卯			天同 戌
天機 太陰 寅	天府 丑	太陽 子	武曲 破軍 亥

上述這兩個命盤是在『紫微在卯』、『紫微在酉』這兩個命盤格式中偏財運較高的，但以整個的暴發運格來說，它只是比『紫微在丑』、『紫微在未』命盤格式稍強，也就是比最低層次稍高一點的偏財運格罷了。

命盤格式『紫微在辰』、『紫微在戌』

在『紫微在辰』、『紫微在戌』命盤格式中：

寅、午、戌年生的人，又生在丑時、未時的人有『火貪格』。
生在巳時、亥時的人有『鈴貪格』。

申、子、辰年生的人，又生在子時、午時的人有『火貪格』。
生在辰時、戌時的人有『鈴貪格』。

巳、酉、丑年生的人，又生在巳時、亥時的人有『火貪格』。
生在辰時、戌時的人有『鈴貪格』。

亥、卯、未年生的人，又生在巳時、亥時的人有『火貪格』。
生在辰時、戌時的人有『鈴貪格』。

寅申火貪格、鈴貪格

在『紫微在辰』、『紫微在戌』兩個命盤格局中，以火星和鈴星進入寅宮或申宮時，會暴發『偏財運』，因此稱做『寅申火貪格、鈴貪格』。其中以火星、鈴星和貪狼同宮於寅宮為較強。以火星、鈴星在寅宮，貪狼在申宮其次。因為此運全靠火、鈴的助力，因貪狼在寅、申宮皆居平陷之位。而火星、鈴星在寅宮居廟地，在申宮居陷落，火、鈴、貪狼同在寅宮為暴發運較強的層次。此運可暴發財富，軍警、公務人員亦可暴發戰功及職務上的功績，而升官發財。作家張愛玲就是擁有在寅宮的『火貪格』，以二十三歲的年紀逢旺運而成名。

『紫微在辰』命盤格式中火星、鈴星與貪狼同在寅宮時，為『寅申火（鈴）貪格』中，偏財運最強之運勢。

紫微在辰

天梁 巳	七殺 午	未	廉貞 申
紫微 天相 辰			酉
天機 巨門 卯			破軍 戌
貪狼 火星(鈴) 寅	太陽 太陰 丑	武曲 天府 子	天同 亥

『紫微在戌』命盤格式中火星與鈴星與廉貞同在寅宮時、貪狼居申宮時，為『寅申火(鈴)貪格』中，偏財運為次強之運勢

紫微在戌

天同 巳	武曲 天府 午	太陽 太陰 未	貪狼 申
破軍 辰			天機 巨門 酉
卯			紫微 天相 戌
廉貞 火星(鈴) 寅	丑	七殺 子	天梁 亥

上述這兩個命盤是『紫微在辰』、『紫微在戌』這兩個命盤格式中偏財運最高的。此運不但可暴發錢財，對於官位、權力、學識、名聲也有極大的爆發能力。政治人物、軍警職人員靠此運會獲得官位、權力。文職人員、學者、學生靠此運可獲得學業成就及名聲大噪之爆發力。因此此命盤格局是僅次於火、鈴貪同居午宮的『火貪格』、『鈴貪格』。

『火貪格』、『鈴貪格』的偏財運強弱的排名次序

1. **最　強**：（第一級）『子午火貪格、鈴貪格』中，火星、鈴星、貪狼同居午宮時為等一等偏財運。

2. **次　強**：（第二級）『寅申火貪格、鈴貪格』中，火星、鈴星貪狼同在寅宮，為第二級偏財運強度。

3. **第三級**：『卯酉火貪格、鈴貪格』中，火星、鈴星、貪狼、紫微同在酉宮。『寅申火貪格、鈴貪格』中，火星、鈴星與廉貞在寅宮，貪狼在申宮為第三級偏財運強度。

4. **第四級**：『子午火貪格、鈴貪格』中，火星、鈴星居午宮，而貪狼居子宮時為第四等偏財運。

5. **第五級**：『卯酉火貪格、鈴貪格』中，火星、鈴星與紫貪同宮在卯宮時為第五級。

6. **第六級**：『巳亥火貪格、鈴貪格』中，火星、鈴星、廉貪在巳宮同宮為第六級偏財運強度。

7. **第七級**：『寅申火貪格、鈴貪格』中，貪狼在寅宮、火星、鈴星與廉貞在申宮時，為第七級的偏財運強度。以及『子午火貪格、鈴貪格』中，火、鈴、貪狼同在子宮為第七級偏財運強度。

第七級以下因火星、鈴星、貪狼等星都居平陷之位，偏財運極弱了，而不予再列出。

綜觀這個『火貪格』、『鈴貪格』的偏財運格中，從星曜的纏度（星的位次）旺弱來看，怎麼說也是比不過『辰戌武貪格』的強度的，只有在『偏財運格』中佔居第一級的『子午火貪（鈴貪）格』中的『火、鈴、貪同在午宮』的這個命格可勉強和『武貪格』站在一起，但也是屈居臣下之位的格局。其爆發出來的人生成就仍是無法和『辰戌武貪格』來相比擬的。

如何算出你的偏財運

法雲居士⊙著

這是一本讓您清楚掌握人生運程高潮的書，讓您輕而易舉的獲得令人欽羨的事業和財富。您有沒有偏財運？偏財運會改變您的一生！您在何時會有偏財運？如何幫助引爆偏財運？偏財運的禁忌？以上種種的問題，在此書中您將會清楚地獲得解答。

法雲居士集二十年之研究經驗，利用科學命理的方法，教您準確地算出自己偏財運的爆發時、日。若是您曾經爆發過好運，或是一直都沒有好運的人，要贏！要成功！一定要看這本書！為自己再創一個奇蹟！

第四章　偏財運與暴發運的運氣圖

每個人若是要觀看自己有沒有『偏財運』或是『暴發運格』，其實最簡單的就是先看看自己的命盤格式是否是屬於

1. **紫微在『寅』**
2. **紫微在『申』**
3. **紫微在『巳』**
4. **紫微在『亥』**

也就是先觀看紫微星坐落在何宮？倘若紫微星坐落於『寅』、『申』宮的人，你屬於『辰戌武貪格』命理格局的人。倘若紫微星坐落於『巳』、『亥』宮的人，你是屬於『丑未武貪格』

驚爆偏財運

的人。你們的『暴發運』會爆發於事業上，屬於富貴同高的人。

倘若你的命盤中，紫微星是坐落於『子』、『午』、『卯』、『酉』四個宮位，你是屬於『紫微在子』、『紫微在午』、『紫微在卯』、『紫微在酉』命盤格式的人。

『紫微在子』、『紫微在午』命盤格式的人，若有火星、鈴星在子宮或午宮進入的時候，有火星的人，稱做『子、午火貪格』。有鈴星的人稱做『子、午鈴貪格』。

『紫微在卯』、『紫微在酉』命盤格式的人，若有火星、鈴星在卯宮或酉宮進入的時候，有火星的人，稱做『卯酉火貪格』，有鈴星的時候稱做『卯酉鈴貪格』。

倘若你的命盤中，紫微星是坐落於『丑』、『未』、『辰』、『戌』四個宮位，你是屬於『紫微在丑』、『紫微在未』、『紫微在辰』、『紫微在戌』命盤格式的人。

『紫微在丑』、『紫微在未』命盤格式的人，若有火星、鈴星在巳宮或亥宮進入的時候，有火星的人，稱做『巳、亥火貪格』。有鈴星的人稱做『巳、亥鈴貪格』。

『紫微在辰』、『紫微在戌』命盤格式的人，若有火星、鈴星在寅宮或申宮進入的時候，有火星的人，稱做『寅、申火貪格』。有鈴星的人稱做『寅、申鈴貪格』。

偏財運與暴發運的等級

『武貪格』的等級

在『武貪格』的暴發運裡，『辰戌武貪格』是第一名。『丑未武貪格』是第二名。

雖然如此，但也要看其人的出生年份，如果是『丑未武貪格』的人，又生在己年有化權、化祿在『武貪格』之中，其暴發運的程度也會超出及大於『辰戌武貪格』中很多的。

『火貪格』、『鈴貪格』的等級

在『火貪格』、『鈴貪格』的偏財運裡，大致說來：

『午宮火貪格』、『午宮鈴貪格』是第一名。
『寅宮火貪格』、『寅宮鈴貪格』是第二名。
『酉宮火貪格』、『酉宮鈴貪格』是第三名。
『卯宮火貪格』、『卯宮鈴貪格』是第四名。
『巳宮火貪格』、『巳宮鈴貪格』是第五名。
『子宮火貪格』、『子宮鈴貪格』是第六名。
『申宮火貪格』、『申宮鈴貪格』是第七名。
『亥宮火貪格』、『亥宮鈴貪格』是第八名。

『暴發運』與『偏財運』的運氣曲線圖

我們首先來看『武貪格』暴發運

要研究『偏財運』與『暴發運』的旺度，當然要瞭解這些運氣的走勢、起伏、上下的曲線圖，我們可以從曲線圖中看出很多端倪。例如那一年是爆發偏財運、暴發運的旺運高潮點？那一年是屬於暴落之點？那些年份是在醞釀形成的階段？那些年份是必須守成，防止運氣下滑的階段。還有如何將旺運來連成一氣，使暴發運和偏財運在兩個高潮點中間的年份運氣提升，使其形成『暴發運』和『偏財運』的良好基石，在下一個『暴發運』和『偏財運』來臨時更具爆發威力，發得更大！

◎驚爆偏財運

『辰戌武貪格』的運氣曲線圖

紫微在「寅」的命盤格式運氣圖

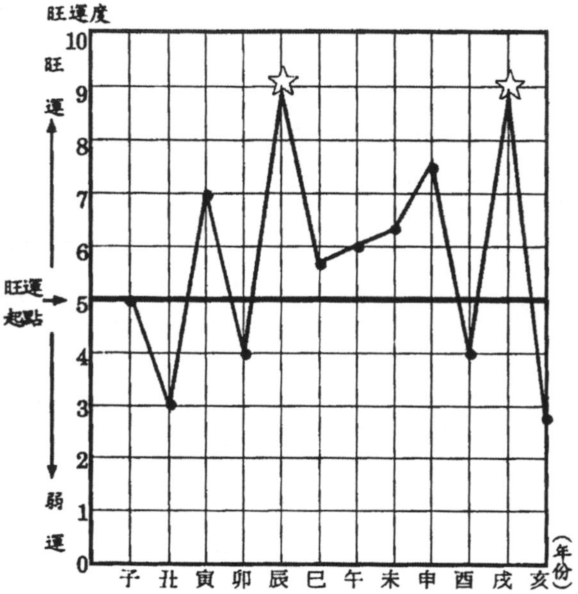

☆是『武貪格』爆發『偏財運』的旺運點，若有化權或化祿在辰、戌宮中，旺運點會更高。

紫微在寅

巨門 巳	廉貞 天相 午	天梁 未	七殺 申
貪狼 辰			天同 酉
太陰 卯			武曲 戌
紫微 天府 寅	天機 丑	破軍 子	太陽 亥

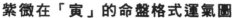

紫微在「申」的命盤格式運氣圖

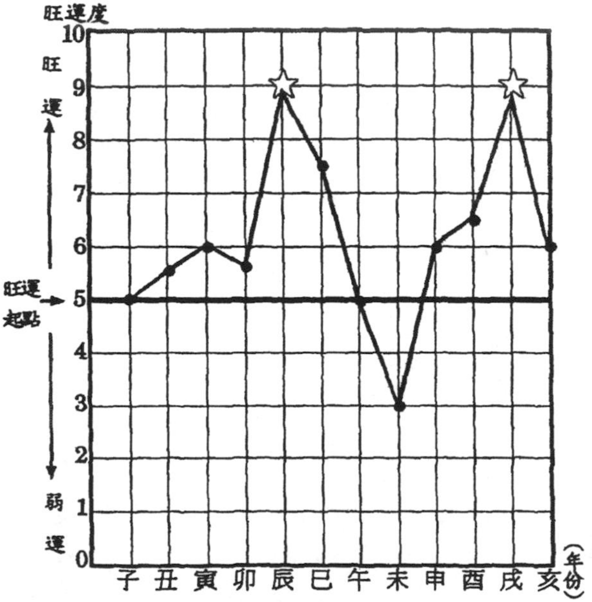

☆是『武貪格』所爆發『偏財運』的旺運點，若有化權或化祿在辰、戌宮，旺運點會更高。

紫微在申

太陽 巳	破軍 午	天機 未	紫微 天府 申
武曲 辰			太陰 酉
天同 卯			貪狼 戌
七殺 寅	天梁 丑	廉貞 天相 子	巨門 亥

在『辰戌武貪格』中包含了兩種命盤格式，一種是『紫微在寅』，一種是『紫微在申』。

我們可以由前面兩個不同命盤格式的運氣曲線圖中很容易的發現了其中的不同處。

這兩個命盤格局的人，同樣都會在辰年和戌年暴發旺運。但是在爆發前與爆發後的年份裡運氣卻有不同。

例如『紫微在寅』命盤格局的人，就有子、丑、卯、酉、亥年在運氣圖中是屬於運氣低落的年份的。

而『紫微在申』命盤格局的人，在子、午年屬於平勢，在未年才是真正低落運氣的年份。這主要是因為『紫微在寅』命盤格式中多了太陽陷落和太陰陷落的『日月反背』的兩個年份之故，其運氣較差。

因此在這兩個命盤格式中，由對比之下，很容易的可以發現『紫微在申』命盤格式的人，是命理格局結構較堅實、多旺運的人。

『丑未武貪格』的運氣曲線圖

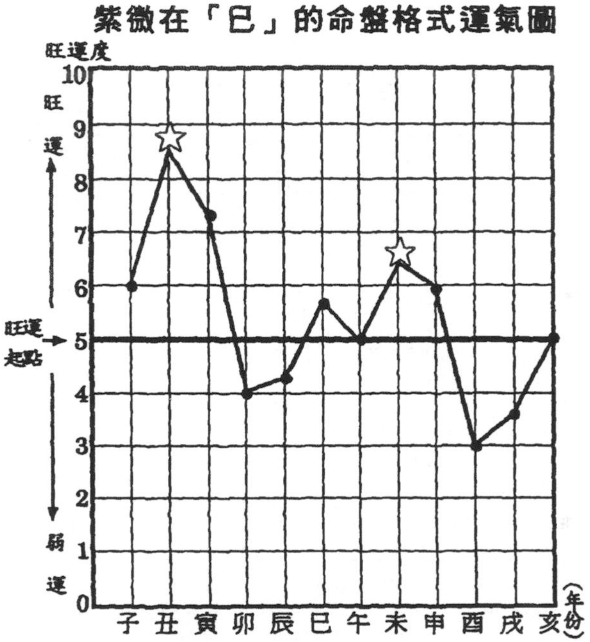

☆為『武貪格』爆發的偏財旺運點，丑宮有化權或化祿入宮時，旺運點會更高。

紫微在巳

紫微 七殺 巳	午	☆ 未	申
天機 天梁 辰			廉貞 破軍 酉
天相 卯	☆		戌
太陽 巨門 寅	武曲 貪狼 丑	天同 太陰 子	天府 亥

紫微在「亥」的命盤格式運氣圖

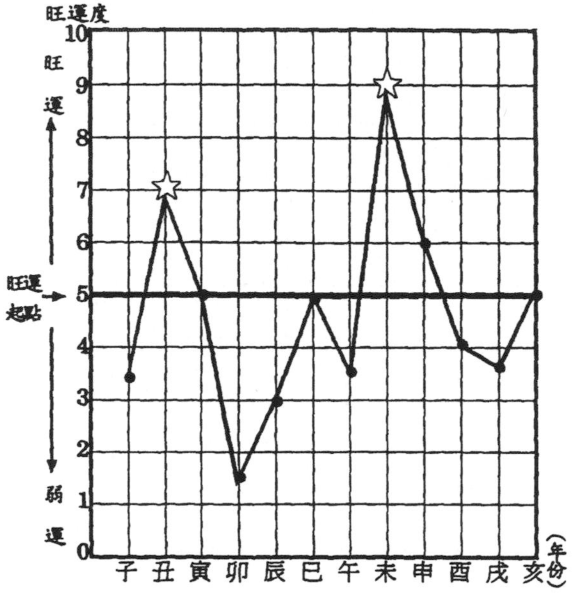

☆為『武貪格』爆發『偏財運』的旺運點，未宮有化權、化祿進入時，旺運點會更高。

紫微在亥

天府 巳	天同 太陰 午	武曲 貪狼 未	太陽 巨門 申
辰		☆	天相 酉
廉貞 破軍 卯			天機 天梁 戌
寅	☆ 丑	子	紫微 七殺 亥

丑未武貪格

在『丑未武貪格』中包含了兩種命盤格式，一種是『紫微在巳』，一種是『紫微在亥』。

我們也可以從這兩個不同的命盤格式的運氣曲線圖中找到其相同處與相異處。

在這兩個命盤格式的人，同樣都會逢到四個年份的空宮弱運和『廉破』這個不算好的流年運程。命盤格局中尚有一些不主財的流年運程，諸如機梁運、天相陷落運等。

在『紫微在亥』的命盤格式局，尚且多了『同陰在午』、『陽巨在申』這兩個運氣及財運較微弱的運程。

因此專由這兩個命盤格式來相對的比較之下，『紫微在巳』命盤格式的人，在命理結構上是略勝一籌的。

另外我們要注意的是：

空宮雖屬弱運，但並非是全然不好的。倘若在上述命盤格局中的空宮部份有六吉星（文昌、文曲、左輔、右弼、天魁、天鉞）進入，有時也能助長旺運、好運。若有火星、鈴星在丑、未宮，則可形成『雙重的暴發運格』。但是火星、鈴星在其他的宮位出現，則和擎羊、陀羅同屬煞星性質，是只有對運程有傷害，而沒有助益的了。

倘若擎羊、陀羅在丑、未宮出現，也會使『武貪格』形成『破格』，暴發運會不發或發得很小。

我們再來看『火貪格』、『鈴貪格』的偏財運的運氣圖。

『子午火（鈴）貪格』的運氣曲線圖

紫微在「子」的命盤格式運氣圖

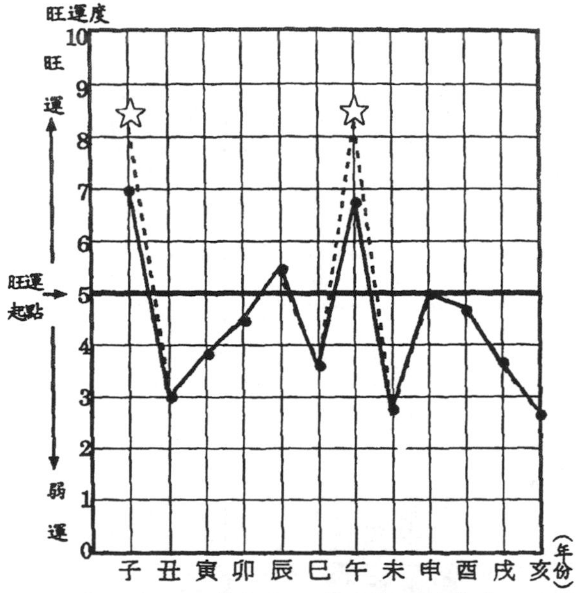

上部白色的☆點為『火貪』『鈴貪』爆發『偏財運』的最高旺運點，黑線部份為一般運氣曲線。
☆若有化權、化祿進入子、午宮時，旺運點會更高。

紫微在子

太陰 巳	貪狼 ☆午	天同 巨門 未	武曲 天相 申
廉貞 天府 辰			太陽 天梁 酉
卯			七殺 戌
破軍 寅	丑	紫微 ☆子	天機 亥

紫微在「午」的命盤格式運氣圖

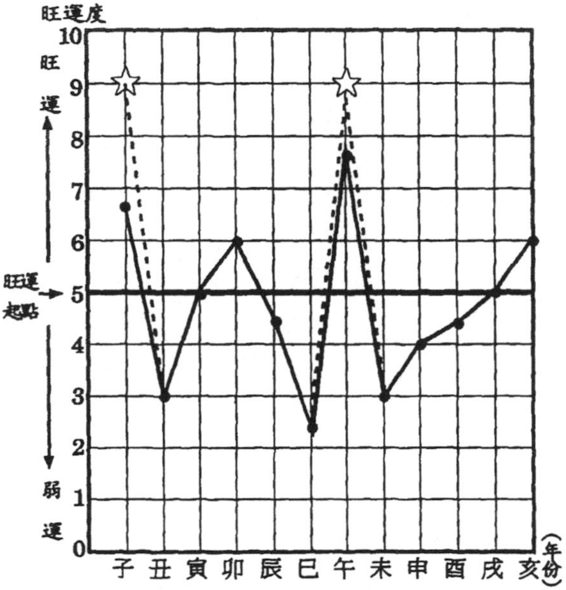

＊☆是『火貪格』、『鈴貪格』所造成的爆發運點，若有化權、化祿進入子、午宮，旺運點會更高。

紫微在午

天機 巳	紫微 ☆午	未	破軍 申
七殺 辰			酉
太陽 天梁 卯		☆	廉貞 天府 戌
武曲 天相 寅	天同 巨門 丑	貪狼 子	太陰 亥

子午火貪格、鈴貪格

『子午火（鈴）貪格』存在於『『紫微在子』、『紫微在午』命盤格式之中。

在前面兩個『子午火（鈴）貪格』的運氣曲線圖中，我們可以很明顯的看出子、午兩個年份是其一生中最好的年份，會爆發『偏財運』。有『同巨運』和『天機陷落』的年份，運氣最差。

而在『紫微在子』命盤格式中，有『日月反背』的格局。其太陽星在酉宮、太陰星在巳宮，都是居平、陷的位置，因此『紫微在子』命盤格式的人，在人生的運氣循環中，會比『紫微在午』命盤格式的人多兩年不利的狀況。

『卯酉火（鈴）貪格』的運氣曲線圖

紫微在「卯」的命盤格式運氣圖

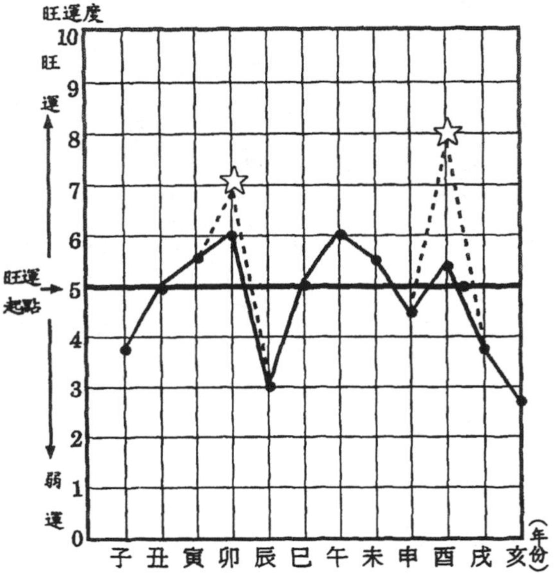

☆為『火貪格』、『鈴貪格』的爆發點，黑線為一般運氣曲線。

*若有化權、化祿進入卯、酉宮時，旺運點會更高。

紫微在卯

天相 巳	天梁 午	廉貞 七殺 未	申
巨門 辰			☆ 酉
紫微 貪狼 卯	☆		天同 戌
天機 太陰 寅	天府 丑	太陽 子	武曲 破軍 亥

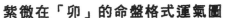

紫微在「酉」的命盤格式運氣圖

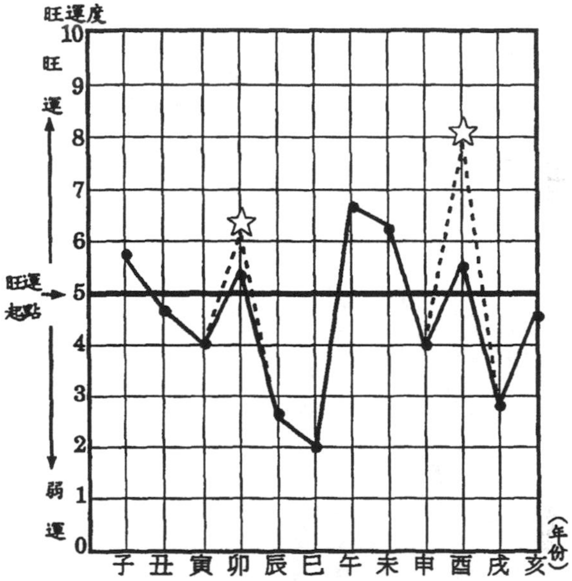

☆為『火貪格』、『鈴貪格』所造成的爆發點
＊若有化權、化祿進入卯、酉宮時，旺運點會更高

紫微在酉

武曲 破軍 巳	太陽 午	天府 未	天機 太陰 申
天同 辰		☆	紫微 貪狼 酉
☆ 卯			巨門 戌
寅	廉貞 七殺 丑	天梁 子	天相 亥

卯酉火貪格、鈴貪格

『卯酉火（鈴）貪格』存在於『紫微在卯』、『紫微在酉』命盤格式之中。

在前面兩個『卯酉火（鈴）貪格』的運氣曲線圖中，我們可以看到只要有火星、鈴星進入卯宮或酉宮時就會產生暴發運。而且會形成暴發運格中的卯、酉宮的『紫貪運』也是命盤格局中最好的運程。而『巨門陷落』和『武破運』則是最差的運程。

在這兩個運氣曲線圖相較之下，『紫微在酉』命盤格式的人如遇火星、鈴星在酉宮的人，因火星、鈴星居得地合格之位，暴發運也較大。而火星、鈴星在卯宮居平陷之位，是故『紫微在卯』命盤格式的人，再遇火星、鈴星在卯宮，偏財運與暴發運較小，也許只是數萬元至數百萬元的財富而已。

『寅申火（鈴）貪格的運氣圖』

紫微在「辰」的命盤格式運氣圖

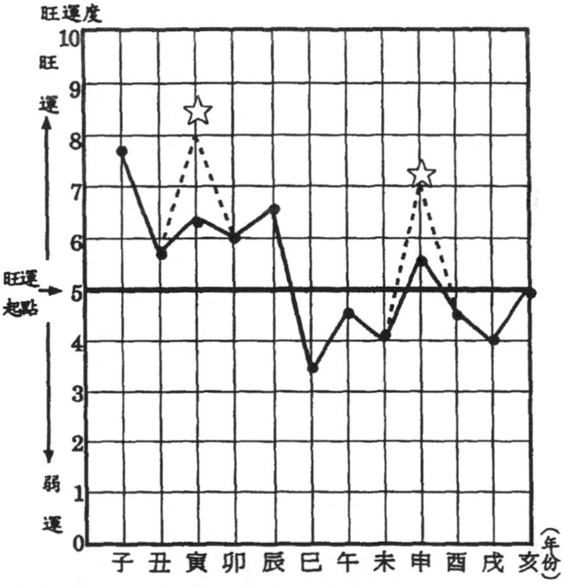

☆是『火貪格』、『鈴貪格』爆發的旺運點，黑線是一般運氣曲線。

＊若有化權、化祿進入寅宮時，旺運點會更高。

紫微在辰

天梁 巳	七殺 午	未	廉貞 ☆ 申
紫微 天相 辰			酉
天機 巨門 卯			破軍 戌
貪狼 ☆ 寅	太陽 太陰 丑	武曲 天府 子	天同 亥

紫微在「戌」的命盤格式運氣圖

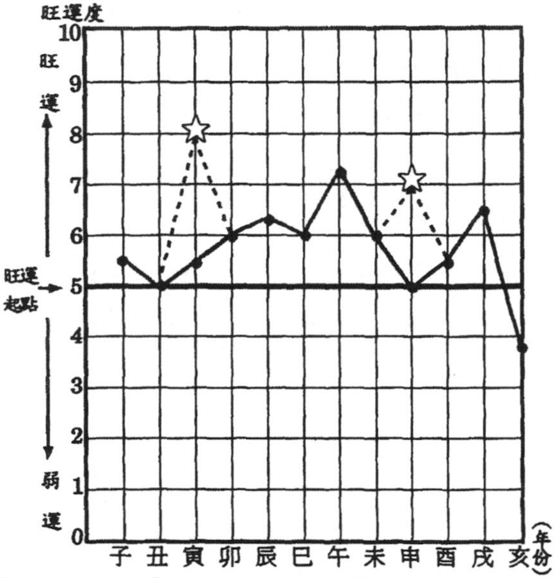

☆是『火貪格』、『鈴貪格』所爆發『偏財運』的旺運點，
黑線為一般運氣曲線

＊若有化權、化祿進入申宮，旺運點會更高。

紫微在戌

天同 巳	武曲 天府 午	太陽 太陰 未	貪狼 ☆ 申
破軍 辰			天機 巨門 酉
卯			紫微 天相 戌
廉貞 ☆ 寅	丑	七殺 子	天梁 亥

寅申火貪格、鈴貪格

『寅申火（鈴）貪格』存在於『紫微在辰』、『紫微在戌』命盤格式之中。

在前面兩個屬於『寅申火（鈴）貪格』的運氣曲線圖中，我們可以看到只要火星、鈴星進入寅宮或申宮時，這兩個命盤格式的人（『紫微在辰』、『紫微在戌』）就會產生『暴發運』和『偏財運』。

其中以寅宮中有火星、鈴星進入時最旺，因為火星、鈴星在寅宮居廟地的關係。火星、鈴星在申宮居陷，故暴發運、偏財運較弱。

在這兩個命盤格式中，因為太陽和太陰是同宮的。太陽居旺時，太陰便居陷。太陰居旺時，太陽便居陷。因此運氣是巧妙各有不同，並不是全然不好的。譬如說太陽居旺時，是主官運事

◎驚爆偏財運

業、學業的運氣，並不一定賺得到錢財。而太陰居旺時，則運氣偏向財運方面。事業、官運、學業則不夠旺氣，開展較困難。這是全然不同的運氣的。

用顏色改變運氣

如何尋找磁場相合的人

『巳亥火（鈴）貪格』的運氣圖

紫微在「丑」的命盤格式運氣圖

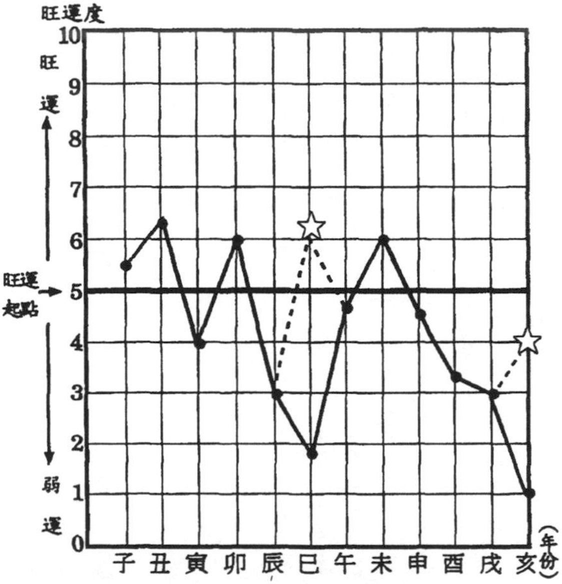

☆點為『火貪』『鈴貪』爆發『偏財運』的旺運點，黑線為一般運氣曲線。

＊若有化權、化祿進入巳宮時，旺運點也會稍高。

紫微在丑

廉貞 貪狼 ☆ 巳	巨門 午	天相 未	天同 天梁 申
太陰 辰			武曲 七殺 酉
天府 卯			太陽 戌
寅	紫微 破軍 丑	天機 子	☆ 亥

紫微在「未」的命盤格式運氣圖

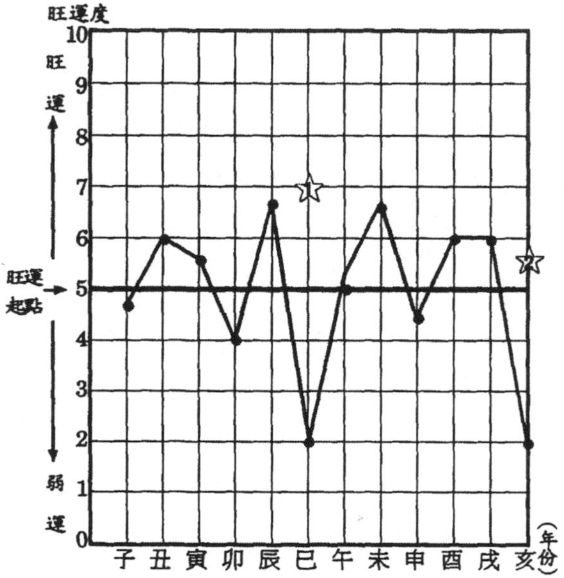

＊火星(鈴星)若在巳宮，☆1為最高旺運點。
＊火星(鈴星)若在亥宮，☆2為最高旺運點。
＊若有化權、化祿進入亥宮時，旺運點會稍高。

紫微在未

☆ 巳	天機 午	紫微 破軍 未	申
太陽 辰			天府 酉
武曲 七殺 卯			太陰 戌
天同 天梁 寅	天相 丑	巨門 子	廉貞 貪狼 亥 ☆

巳亥火貪格、鈴貪格

『巳亥火（鈴）貪格』存在於『紫微在丑』、『紫微在未』命盤格式之中。

在兩個『巳亥火（鈴）貪格』的運氣曲線圖中，只要火星、鈴星在巳宮或亥宮出現，便能形成『火貪格』或『鈴貪格』的暴發運（偏財運）。但這兩個『偏財運格』在所有的暴發格中是屬於級位最低層次的『偏財運格』了。主要是因為貪狼在巳、亥宮的旺度為居陷落的位置，沒有光芒。而火星、鈴星在亥宮居平陷之位，在巳宮居得地，合格之位。因此這個『火廉貪格』、『鈴廉貪格』在巳宮還有『偏財旺運』的爆發機會，在亥宮是機會極微，或暴發能力極小的級位。

『巳亥（鈴）貪格』屬於錢財上發些小運，例如多賺了一票錢財，中了一些小獎之類的運氣，很少會暴發在事業上形成功成名就的大旺運。

並且在這個運格中的人，財運都是起伏不定的運勢，因此特別對賺錢有興趣，故偏向『求財』的偏財運途了。

另外在這個運格中具有偏財運（火、鈴貪格）的人極少，又常會遇到在『火貪格』或『鈴貪格』的宮位（巳、亥）宮裡有天空、地劫、化忌、陀羅等星出現，如此也影響了原本已顯得薄弱的偏財運的爆發。

第五章　雙重暴發運格、雙重偏財運格的運氣圖

具有雙重暴發運及雙重偏財運的人，實際上是在命盤格局中同時具有『武貪格』及『火貪格』、『鈴貪格』。嚴格的說起來也就是『武火貪格』、『武鈴貪格』。

這雖然只是武曲、火星、貪狼，或者是武曲、鈴星、貪狼三顆星為一組所形成的格局。然而在組合上就會形成八種狀況的格局，因火星、鈴星所處的宮位不同，其暴發力的等級也就有了高下之分了。

這種雙重暴發運格只會存在於『紫微在寅』、『紫微在申』、

『紫微在巳』、『紫微在亥』這四種格式之中，並且要出生的時辰配合得當才能形成的，因此非常不易。

雙重暴發運格的八種組合

1.『辰戌武貪格』中，武曲、火星（鈴星）在『辰』宮，貪狼在戌宮。

2.『辰戌武貪格』中，武曲、火星（鈴星）在『戌』宮，貪狼在辰宮。

9.紫微在申

太陽(旺) 巳	破軍(廟) 午	天機(陷) 未	紫微(旺) 天府(得) 申
武曲(廟) 火星(鈴) 辰			太陰(旺) 酉
天同(平) 卯			貪狼(廟) 戌
七殺(廟) 寅	天梁(旺) 丑	廉貞(平) 天相(廟) 子	巨門(旺) 亥

3.紫微在寅

巨門(旺) 巳	廉貞(平) 天相(廟) 午	天梁(旺) 未	七殺(廟) 申
貪狼(廟) 辰			天同(平) 酉
太陰(陷) 卯			武曲(廟) 火星(鈴) 戌
紫微(旺) 天府(廟) 寅	天機(陷) 丑	破軍(廟) 子	太陽(陷) 亥

3.『辰戌武貪格』中，武曲在辰宮，火星（鈴星）和貪狼在『戌』宮。

4.『辰戌武貪格』中，火星（鈴星）和貪狼在『辰』宮，武曲在戌宮。

9.紫微在申

太陽(旺) 巳	破軍(廟) 午	天機(陷) 未	紫微(旺) 天府(得) 申
武曲(廟) 火星(鈴星) 辰			太陰(旺) 酉
天同(平) 卯			貪狼(廟) 戌
七殺(廟) 寅	天梁(旺) 丑	廉貞(平) 天相(廟) 子	巨門(旺) 亥

3.紫微在寅

巨門(旺) 巳	廉貞(平) 天相(廟) 午	天梁(旺) 未	七殺(廟) 申
貪狼(廟) 辰			天同(平) 酉
太陰(陷) 卯			武曲(廟) 火星(鈴星) 戌
紫微(旺) 天府(廟) 寅	天機(陷) 丑	破軍(廟) 子	太陽(陷) 亥

5.『丑未武貪格』中，火星（鈴星）和武曲、貪狼在丑宮，未宮是空宮。

6.『丑未武貪格』中，火星（鈴星）在『未』宮，而武貪在丑宮。

6.紫微在巳

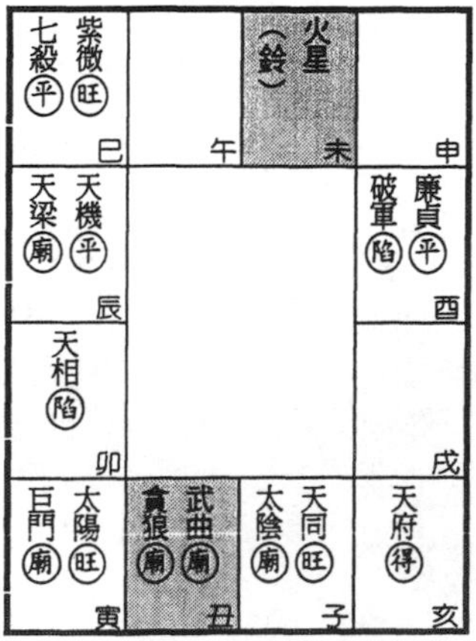

6.紫微在巳

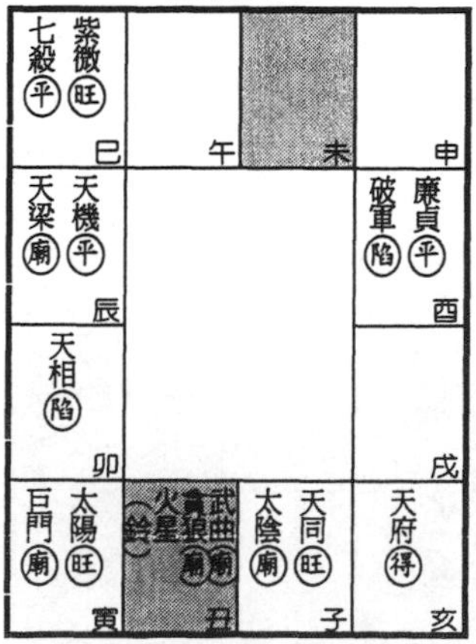

7.『丑未武貪格』中，火星（鈴星）與武曲、貪狼同在未宮，丑宮是空宮。

8.『丑未武貪格』中，火星（鈴星）在丑宮，武貪在未宮，彼此相照。

12.紫微在亥

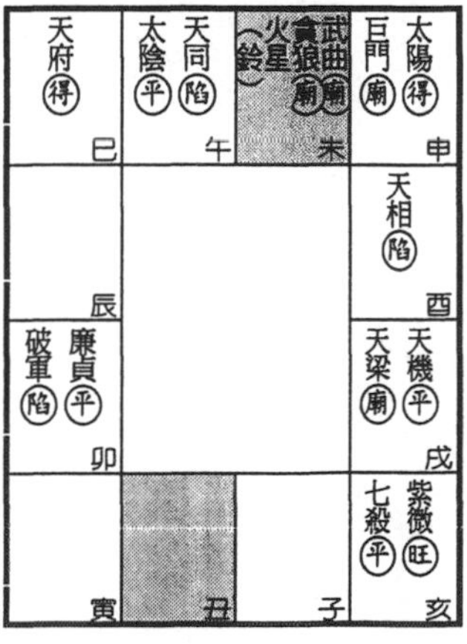

12.紫微在亥

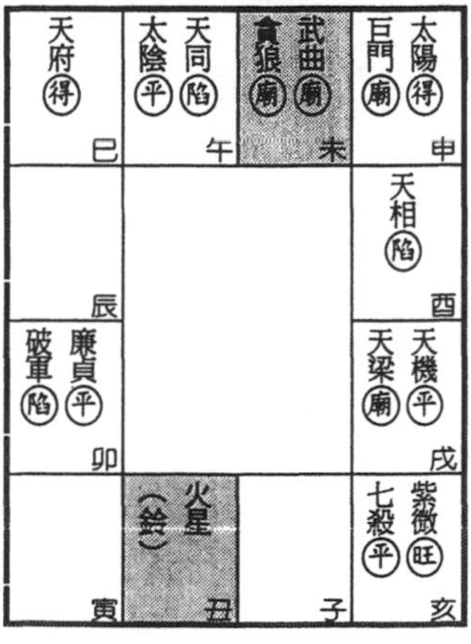

在上述八種『雙重暴發運格』中，因同屬在『武貪格』之內，因此其武曲星和貪狼星皆是居廟旺之位的，所不同的就是要看火星和鈴星在宮位中的旺度，才可來訂出『雙重暴發運格』的威力了。

火星、鈴星在辰、戌、丑、未四宮中，在戌宮居廟位，在丑宮居得地合格之位，在未宮居平，在辰宮落陷。

因此雙重暴發運的暴發威力的名次出來了：

第一名最強的是：『辰戌武貪格』中，火星（鈴星）和貪狼在『戌』宮，武曲在辰宮的組合。這也是『紫微在申』命盤格式中，火（鈴）貪居戌宮的組合。此為前述第3個組合。

第二名次強的是：『丑未武貪格』中，火星（鈴星）和貪狼同在『丑』宮的組合。這也就是『紫微在巳』命盤格式中，武火（鈴）貪在丑宮的格局。也就是前述第5個組合。

第三名是：『辰戌武貪格』中，武曲和火星（鈴星）同在戌宮，而貪狼在辰宮的組合。也就是『紫微在寅』命盤格式中，武火（鈴）在戌宮的組合。此組合中雖然武曲和火星皆居廟位，但武曲財星被火鈴（煞星）所傷，『因財被劫』在暴發運上並不十分完美。此運在龍年暴發則很強，在狗年則有意外之災害。況且若人之命宮正坐在武曲、火星或武曲、鈴星居戌宮的人，會有剛暴吝嗇的性格，或以黑道起家發富之跡象。此為前述第2個組合。

第四名是：『丑未武貪格』中，火星在丑宮、武貪雙星在未宮相照的組合。這也是前述第8個組合。

第五名是：『辰戌武貪格』中，火星（鈴星）和貪狼同在辰宮，武曲在戌宮的組合，龍年和狗年皆有很大的爆發運。

龍年得旺運，狗年發大財。也就是前述第4個組合。

第六名是：『丑未武貪格』中，火星、鈴星和武貪同在未宮的組合也就是前述第7個組合，所有的最大暴發運集中在羊年，丑年較弱。

第七名是：『丑未武貪格』中，火星、鈴星在未宮，武曲、貪狼在丑宮相照的組合。也就是前述第6個組合。牛年、羊年皆有暴發運及偏財運。

第八名是：『辰戌武貪格』中，火星、鈴星與武曲同在辰宮，而貪狼在戌宮的組合。也就是前述第1個組合。在這個組合中，因火、鈴居陷，武曲財星因火鈴肆虐，因此辰年反不如戌年好，戌年較能暴發旺運。

八種『雙重暴發運格』的運氣圖

此八種『雙重暴發運』格的運氣圖，現在我由其旺運強弱依次來顯示給各位看：

1. 超強的『雙重暴發運格』的運氣曲線圖

在這一組超強的『雙重暴發運』裡，龍年暴發的是雙重威力（事業加財富）的旺運暴發力。而狗年暴發的是速度極猛烈以及範圍極廣範的『旺運機會』的暴發力。每六年做一個接力點，就像接力賽跑一樣，好運連連，想不拔得頭籌也難了。

9.紫微在申

太陽(旺) 巳	破軍(廟) 午	天機(陷) 未	紫微(旺) 天府(得) 申
武曲(廟) 火星(鈴) 辰			太陰(旺) 酉
天同(平) 卯			貪狼(廟) 戌
七殺(廟) 寅	天梁(旺) 丑	廉貞(平) 天相(廟) 子	巨門(旺) 亥

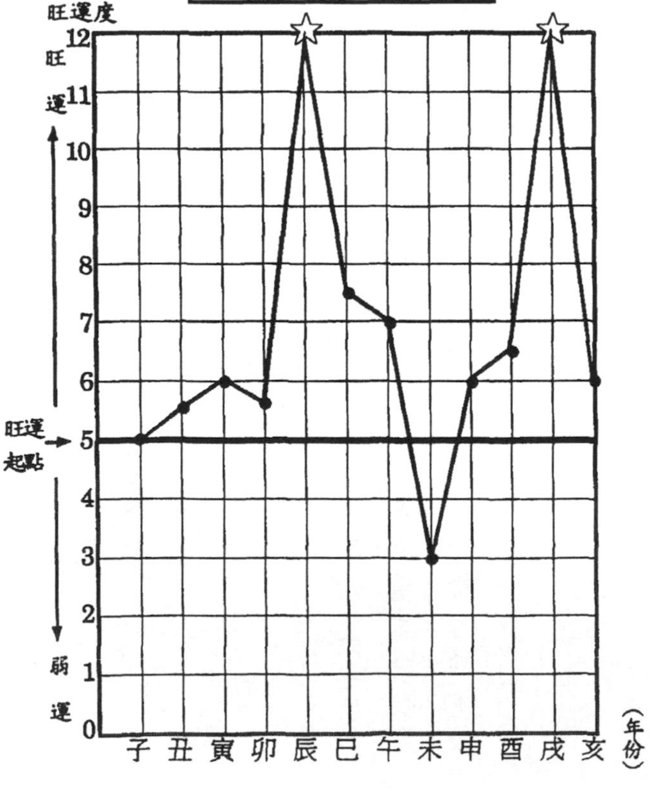

2. 次強的『雙重暴發運格』的運氣曲線圖

驚爆偏財運

6.紫微在巳

紫微(旺) 七殺(平) 巳	午	未	申
天機(平) 天梁(廟) 辰			廉貞(平) 破軍(陷) 酉
天相(陷) 卯			戌
太陽(旺) 巨門(廟) 寅	武曲(廟) 貪狼(廟) 火星(鈴) 丑	天同(旺) 太陰(廟) 子	天府(得) 亥

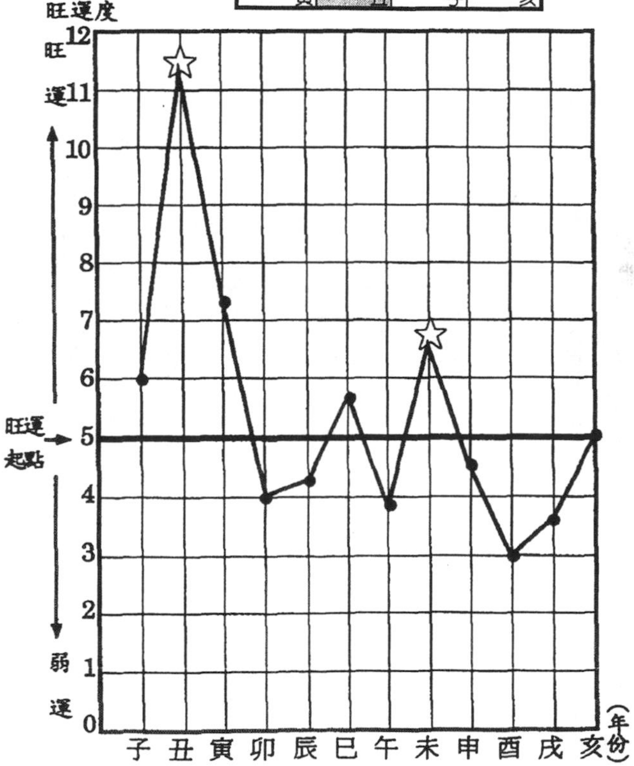

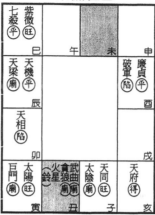

◎驚爆偏財運

在這一組次強的『雙重暴發運』裡，丑年是最高的一個爆發點，其爆發的能量很大，若再有化權、化祿同在『武貪格』裡，其聲勢可直逼『超強的雙重爆發運』。在這一組暴發格中，火星、鈴星因有貪狼同宮的制化，只會助長暴發的速度，而不會傷及武曲財星，這是最好的一組武火（鈴）貪的『暴發運格』的模式了。

3. 第三強的『雙重暴發運格』的運氣曲線圖

3.紫微在寅

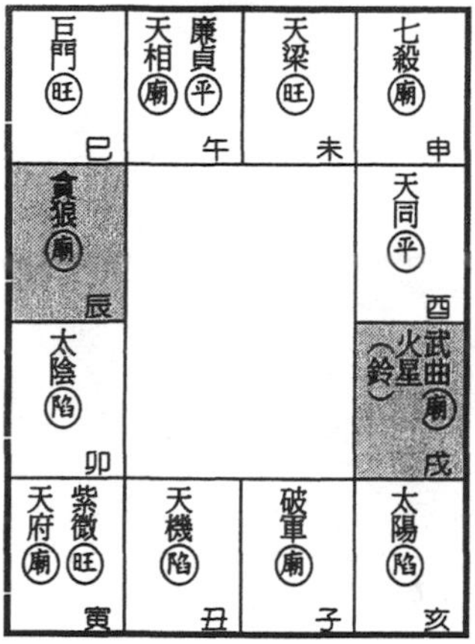

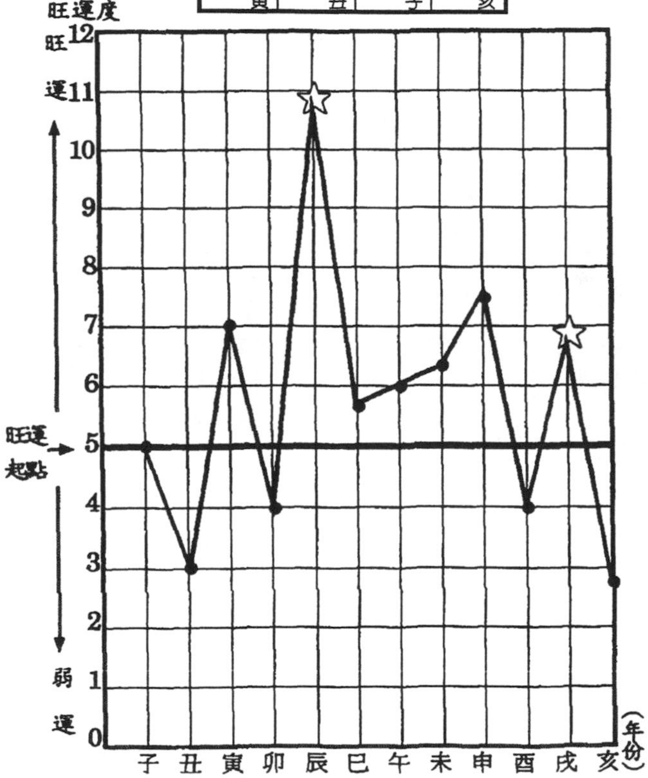

◎驚爆偏財運

此組是貪狼在辰宮，武曲、火星（鈴星）在戌宮的組合。

在這一組的『雙重暴發運格』中，龍年的暴發運威力極強。但在戌年（狗年）時，武曲財星為火星（鈴星）所傷，在這一年暴發運中會有財富，但也會發生意外的損失，這也是『因財被劫』的關係。因此戌年的暴發運威力會不如想像中那麼好，且多金錢上的是非鬥爭之事。

4. 第四強的『雙重暴發運格』的運氣曲線圖

12.紫微在亥

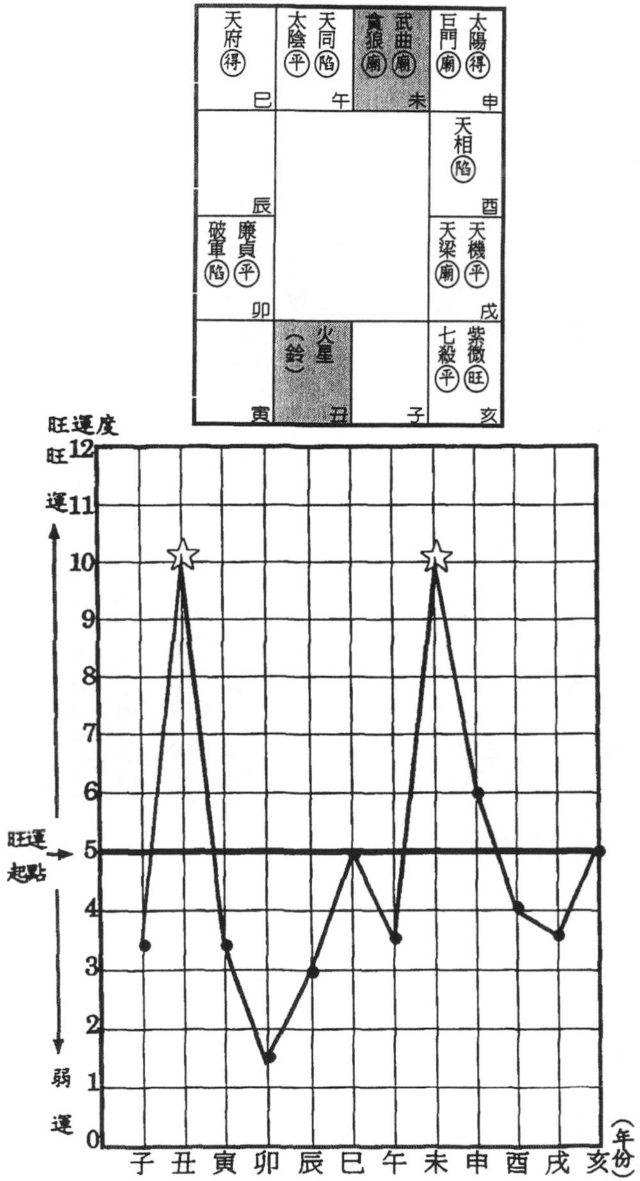

◎驚爆偏財運

此組是火星（鈴星）在丑宮、武貪在未宮相照的組合。

在這一組『雙重暴發運格』中，丑年時所爆發的錢財，而未年時爆發事業上的旺運，亦會創造出更大的財富。此『雙重暴發運格』每六年前後接力，前運接後運，威力不小。只是兩個暴發運中間的運程多空宮弱運，所以拖累了這運格，使其成為第四強的『雙重暴發運』。

5. 第五強的『雙重暴發運格』的運氣曲線圖

3.紫微在寅

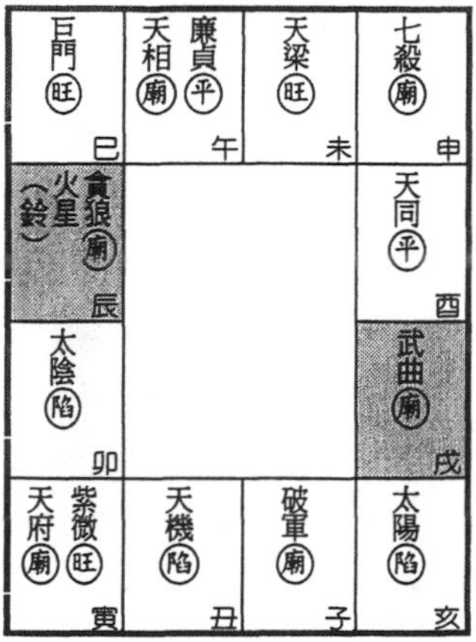

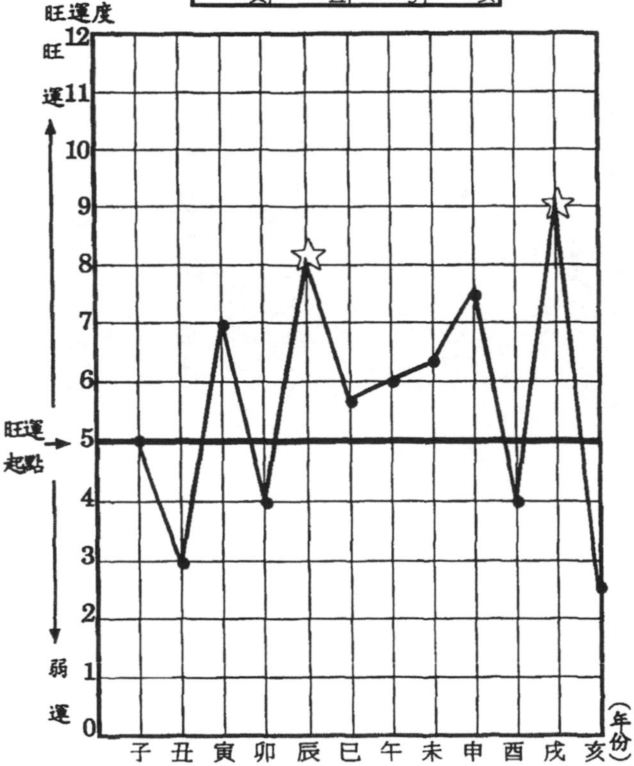

第五強的是火星（鈴星）和貪狼在辰宮，而武曲在戌宮的組合。

在這一個『雙星暴發運格』中，龍年因火星陷落的關係，『火貪格』的暴發力反倒不算特強，而戌年是真正爆發『武貪格』的威力再加上火星（鈴星）的推力，才是真正『雙重暴發運』的著力點。戌年時暴發在事業上得財較多。

6. 第六強的『雙重暴發運格』的運氣曲線圖

12.紫微在亥

天府(得) 巳	天同(陷) 太陰(平) 午	武曲(廟) 貪狼(廟) 火星 (鈴) 未	太陽(得) 巨門(廟) 申
辰			天相(陷) 酉
廉貞(平) 破軍(陷) 卯			天機(平) 天梁(廟) 戌
寅	丑	子	紫微(旺) 七殺(平) 亥

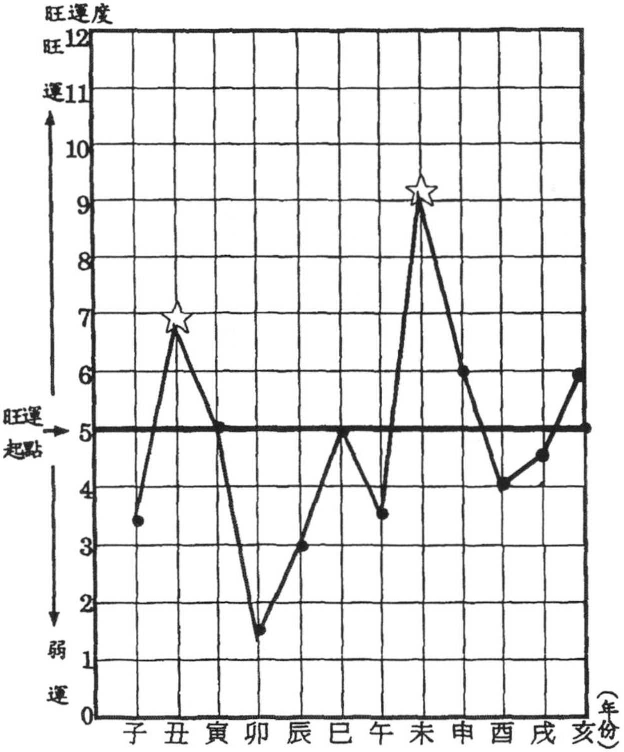

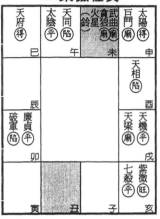

第六強的是火星（鈴星）和武曲、貪狼同在未宮、丑宮為空宮的組合。

在這一個『雙重暴發運』中，最強力、最重要的便是未年（羊年）所爆發的雙重偏財旺運了。此格在丑年也會因丑宮和未宮相照的關係，而反射到一點偏財運暴發運，但力量很弱。

驚爆偏財運

$1元起家・買空賣空的命格

7. 第七強的『雙重暴發運格』的運氣曲線圖

6.紫微在巳

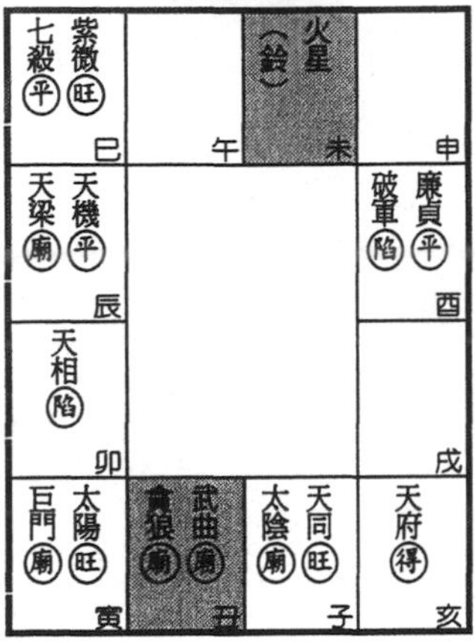

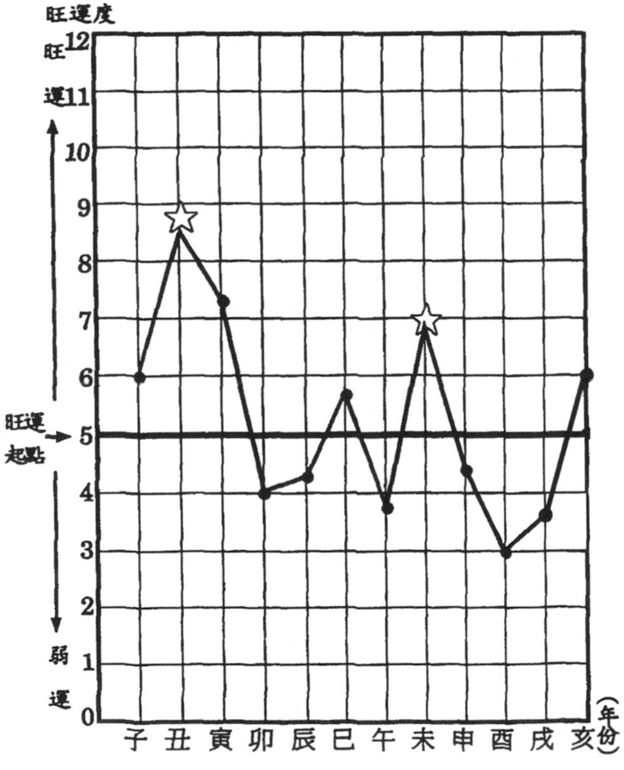

第七強的是火星（鈴星）在未宮，而武貪在丑宮相照的組合。

在這一組『雙重暴發運』的組合中，因火星、（鈴星）在未宮居平陷之位，因此此組的雙重暴發運還是要靠丑年的『武貪格』再加上相照不強的火星（鈴星）的些微助力而形成，其威力不夠強勢。並且以『武貪格』的威力，在事業上發跡為主。如果是庚年生的人，在丑宮的『武貪格』中有武曲化權，則此為更增強的『雙暴發運格』。丑年能暴發更高的大旺運。未年走火星運時，也能增強。如果是己年生的人，雖有武曲化祿、貪狼化權在丑宮，但會有火星（鈴星）加擎羊在未宮，因此只有在丑年能在事業上得大財利，未年要小心傷災、車禍，但也能有些偏財運。

8. 第八強的『雙重暴發運格』的運氣曲線圖

9.紫微在申

太陽(旺) 巳	破軍(廟) 午	天機(陷) 未	紫微(旺) 天府(得) 申
武曲(廟) 火星(鈴星) 辰			太陰(旺) 酉
天同(平) 卯			貪狼(廟) 戌
七殺(廟) 寅	天梁(旺) 丑	廉貞(平) 天相(廟) 子	巨門(旺) 亥

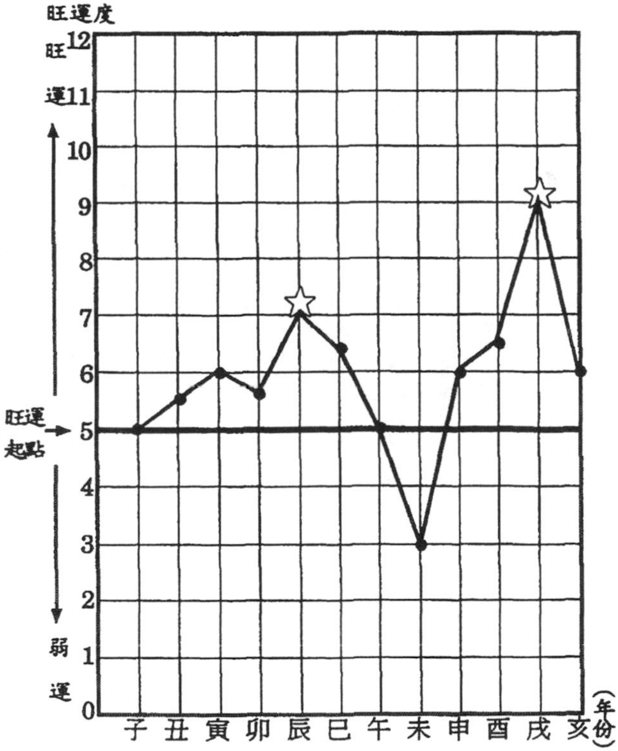

第八強的是火星（鈴星）和武曲在辰宮，而貪狼在戌宮相照的組合。

這一組的『雙重暴發運』的組合中，火星（鈴星）在辰宮居陷，來刑傷財星武曲，但是火星（鈴星）和對宮的貪狼相互照會形成『火貪』、『鈴貪』格，武曲也與對宮的貪狼形成『武貪格』，因此還是要發，只不過戌年較順利暴發，龍年多是非爭鬥，且有金錢上的爆發得不是很順利，得財會較少的問題。

我們由上述八種『雙重暴發運』，或稱『雙重偏財運』的運氣曲線圖中，很快的便能發現：『雙重偏財運』的爆發點比一般的偏財運程要高，這代表著其爆發威力較強大，確實比一般偏財運強大。

『雙重偏財運格』的煩惱

但是『雙重偏財運格』也不是全然沒有瑕疵的。就像武曲財星若遇火星、鈴星同宮，再和對宮的貪狼相照時，就會有力不從心之感了。火星、鈴星是煞星，與財星同宮，會有劫財之虞，居陷時更凶。而武曲財星雖在廟旺之位，仍然難抵禦其劫財之煞。

可是若武曲、貪狼同宮，再遇火星（鈴星），有貪狼制化火鈴，即便是火星（鈴星）在未宮居平陷之位，武曲星有了貪狼星的保護，也不會再懼怕火、鈴有劫財之險了。

這就是雖有八種『雙重暴發運格』，但仍會有旺弱之分的原因了。

另外，『雙重暴發運格』若遇擎羊、陀羅、劫空、化忌等煞星來相遇，也同樣會形成破格。有不發或暴發後產生是非災禍等問題。

如何用偏財運來理財致富

法雲居士⊙著

偏財運會創造人生的奇蹟，

偏財運也會為人生帶來財富，

但『暴起暴落』始終是人生中的夢魘。

如何讓暴發的財富永遠留在你的身邊，

如何用一次接一次的偏財運增高
你的人生格局？

這本『如何用偏財運來理財致富』
就明確的提供了

發財的方法和用偏財運來理財致富
的訣竅，讓你永不後悔，
痛快的過你的人生！

第六章　何時是『偏財運』、『暴發運』爆發的那一天

談了那麼久『偏財運』和『暴發運』的問題，我想讀者最希望知道的一定是：『到底那一天才是『偏財運』和『暴發運』真正爆發的日子呀？』

這個有關於算出『偏財運』、『暴發運』爆發時間的確切方法，我曾在『如何算出你的偏財運』一書中有清楚的解說。但是為了不讓購買此書的朋友們失望，因此不厭其煩的再講述一遍。

◎驚爆偏財運

『偏財運』和『暴發運』爆發的日子

『偏財運格』和『暴發運格』有很多種，每一種有不同的爆發日子。

『武貪格』會暴發的日子

1. 『辰戌武貪格』爆發的日子

『辰戌武貪格』的擁有者，會在辰年（龍年）、戌年（狗年）中爆發，其月份為行經『辰宮』或『戌宮』的月份為爆發月，也就是在辰年或戌年流月行經辰宮或戌宮時，流日再為行經『辰宮』或『戌宮』的日子為最大『偏財運』、『暴發運』爆發的日子。（辰年和戌年皆有暴發運）

每一年中，流月行經『辰宮』或『戌宮』時，也會爆發一些較小的『偏財運』及『暴發運』。

『辰戌武貪格』爆發的日子

圖中，凡流年、流月、流日經過灰色部份宮位時，皆為『暴發運』、『偏財運』爆發的日子。並以大運、流年、流月三度重逢的時間所爆發的旺運為最大一次『偏財運』及『暴發運』的時間。

3.紫微在寅

巨門(旺) 巳	廉貞(平) 天相(廟) 午	天梁(旺) 未	七殺(廟) 申
貪狼(廟) 辰			天同(平) 酉
太陰(陷) 卯			武曲(廟) 戌
紫微(旺) 天府(廟) 寅	天機(陷) 丑	破軍(廟) 子	太陽(陷) 亥

9.紫微在申

太陽(旺) 巳	破軍(廟) 午	天機(陷) 未	紫微(旺) 天府(得) 申
武曲(廟) 辰			太陰(旺) 酉
天同(平) 卯			貪狼(廟) 戌
七殺(廟) 寅	天梁(旺) 丑	廉貞(平) 天相(廟) 子	巨門(旺) 亥

2.『丑未武貪格』爆發的日子

『丑未武貪格』的擁有者，會在丑年（牛年）、未年（羊年）爆發『偏財運』及『暴發運』。並以命盤中丑宮或未宮中有主星武曲、貪狼者為『暴發運』較強的年份，而以空宮相照的宮位年份為較弱的『偏財運』、『暴發運』的年份。（事實上，丑、未年皆有偏財運與暴發運，只是有強弱之分而已）。

其『爆發月份』為行經『丑宮』或『未宮』的月份，『爆發日』也是行經丑宮或未宮的日子。

每一年中，流月行經『丑宮』或『未宮』時，也會爆發一些小的『偏財運』及『暴發運』。

『丑未武貪格』爆發的日子

圖中，凡流年、流月、流日經過灰色部份宮位時，皆為『暴發運』、『偏財運』爆發的日子。但深灰色的宮位為『偏財運』、『暴發運』較大較旺之宮位時間。有淺灰色之空宮部份為『偏財運』、『暴發運』較弱之宮位時間。

凡人一生中以大運、流年、流月三度重逢經過灰色『武貪格』宮位的時間，是其一生中最大一次的『偏財運』及『暴發運』的爆發時間。

6.紫微在巳

紫微(旺) 七殺(平) 巳	午	未	申
天機(平) 天梁(廟) 辰			廉貞(平) 破軍(陷) 酉
天相(陷) 卯			戌
太陽(旺) 巨門(廟) 寅	武曲(廟) 貪狼(廟) 丑	天同(旺) 太陰(廟) 子	天府(得) 亥

12.紫微在亥

天府(得) 巳	天同(陷) 太陰(平) 午	武曲(廟) 貪狼(廟) 未	太陽(得) 巨門(廟) 申
辰			天相(陷) 酉
廉貞(平) 破軍(陷) 卯			天機(平) 天梁(廟) 戌
寅	丑	子	紫微(旺) 七殺(平) 亥

『火貪格、鈴貪格』會暴發的日子

1. 『子午火（鈴）貪格』爆發的日子

『子午火（鈴）貪格』的擁有者，會在子年（鼠年）或午年（馬年）爆發『偏財運』或『暴發運』。並以上圖命盤中火星（鈴星）與貪狼同在午宮的格局為『暴發運』及『偏財運』最大的年份。下圖以午年（馬年）為『偏財運』發得大的年份。

其『爆發月份』為行經『子宮』或『午宮』的月份。『爆發日』也是行經子宮或午宮的日子。

每一年中，流月行經『子宮』或『午宮』時，也會爆發一些小的『偏財運』及『暴發運』。

其人一生中，以大運、流年、流月三度重逢經過下列各圖中深灰色。火（鈴）貪格』宮位的時間，為其一生中最大『偏財運』爆發的時間。有淺灰色之宮位為較次之的偏財運』時間。

『子午火（鈴）貪格』爆發的日子

『子午火（鈴）貪格』有四種狀況，如下四圖中顯示，凡流年、流月、流日經過，這四圖中之較深灰色部份的宮位時，其『偏財運』爆發得較大、較旺。而流年、流月、流日行經淺灰色宮位時間時，『偏財運』較弱。但亦會有，只是不強而已。

在此『子午火(鈴)貪格偏財運格』中，此命格的人為『偏財運格』最強之格式。此格中以午年年之偏財運最強。

1.紫微在子

太陰(陷) 巳	貪狼(旺) 火星(鈴) 午	天同(陷) 巨門(陷) 未	武曲(得) 天相(廟) 申
廉貞(平) 天府(廟) 辰			太陽(平) 天梁(得) 酉
卯			七殺(廟) 戌
破軍(得) 寅	丑	紫微(平) 子	天機(平) 亥

在此『子午火(鈴)貪格偏財運格』中，此為第四強之格式。此格中以午年年之偏財運最強。

1.紫微在子

太陰(陷) 巳	貪狼(旺) 午	天同(陷) 巨門(陷) 未	武曲(得) 天相(廟) 申
廉貞(平) 天府(廟) 辰			太陽(平) 天梁(得) 酉
卯			七殺(廟) 戌
破軍(得) 寅	丑	紫微(平) 火星(鈴) 子	天機(平) 亥

在此『子午火（鈴）貪格偏財運格』中，此為第二強之格式。此格中以子年之偏財運最強，午年次之。

7.紫微在午

天機(平) 巳	紫微(廟) 火星（鈴） 午	未	破軍(得) 申
七殺(廟) 辰			酉
太陽(廟) 天梁(廟) 卯			廉貞(平) 天府(廟) 戌
武曲(得) 天相(廟) 寅	天同(陷) 巨門(陷) 丑	貪狼(旺) 子	太陰(廟) 亥

在此『子午火（鈴）貪格偏財運格』中，此為第三強之格式。此格中以子年之偏財運最強。

7.紫微在午

天機(平) 巳	紫微(廟) 午	未	破軍(得) 申
七殺(廟) 辰			酉
太陽(廟) 天梁(廟) 卯			廉貞(平) 天府(廟) 戌
武曲(得) 天相(廟) 寅	天同(陷) 巨門(陷) 丑	貪狼(旺) 火星（鈴） 子	太陰(廟) 亥

2.『寅申火（鈴）貪格』爆發的日子

『寅申火（鈴）貪格』的擁有者，會在寅年（虎年）或申年（猴年）爆發『偏財運』或『暴發運』。並以命盤中火星（鈴星）與貪狼同在寅宮時的格局為此『偏財運』及『暴發運』格中可爆發最大旺運的年份。

其『爆發月份』為行經『寅宮』或『申宮』的流月月份。『爆發日』也是流日行經寅宮或申宮的日子。

每一年中，流月行經『寅宮』或『申宮』時，亦會爆發一些小的『偏財運』或『爆發運』。

其人一生中以大運、流年、流月三度重逢經過下列各圖中灰色『火（鈴）貪格』宮位的時間，為其一生中最大『偏財運』爆發的時間。

『寅申火（鈴）貪格』會暴發的日子

『寅申火（鈴）貪格』有四種狀況，如下四圖中顯示，凡流年、流月、流日經過這四圖中之較深灰色部份的宮位時，其『偏財運』與『暴發運』爆發得較大。而淺灰色所代表的宮位時間，其『偏財運』爆發得較弱，不強。

在此『寅申火(鈴)貪格』中，此格式為最強之『偏財運格』。此格式中又以寅年爆發力最大，以申年較弱。

5.紫微在辰

天梁(陷) 巳	七殺(旺) 午	未	廉貞(廟) 申
紫微(得) 天相(得) 辰			酉
天機(旺) 巨門(廟) 卯			破軍(旺) 戌
貪狼(平) 火星(鈴) 寅	太陽(廟) 太陰(廟) 丑	武曲(旺) 天府(廟) 子	天同(廟) 亥

在此『寅申火(鈴)貪格』中，以格式為第三強之『偏財運格』。以寅年爆發威力最大、申年次之。

5.紫微在辰

天梁(陷) 巳	七殺(旺) 午	未	廉貞(廟) 火星(鈴) 申
紫微(得) 天相(得) 辰			酉
天機(旺) 巨門(廟) 卯			破軍(旺) 戌
貪狼(平) 寅	太陽(廟) 太陰(廟) 丑	武曲(旺) 天府(廟) 子	天同(廟) 亥

在此『寅申火（鈴）貪格』，此格式為第二強之『偏財運格』。以申年爆發的威力最大。

11.紫微在戌

天同(廟) 巳	武曲(旺) 天府(旺) 午	太陽(得) 太陰(陷) 未	貪狼(平) 火星 (鈴) 申
破軍(旺) 辰			天機(旺) 巨門(廟) 酉
卯			紫微(得) 天相(得) 戌
廉貞(廟) 寅	丑	七殺(旺) 子	天梁(陷) 亥

『寅申火（鈴）貪格』中，此格式為最弱之『偏財運格』。在此格中以申年爆發的威力稍強，寅年次之

11.紫微在戌

天同(廟) 巳	武曲(旺) 天府(旺) 午	太陽(得) 太陰(陷) 未	貪狼(平) 火星 (鈴) 申
破軍(旺) 辰			天機(旺) 巨門(廟) 酉
卯			紫微(得) 天相(得) 戌
廉貞(廟) 寅	丑	七殺(旺) 子	天梁(陷) 亥

3. 『卯酉火（鈴）貪格』爆發的日子

『卯酉火（鈴）貪格』的擁有者，會在卯年（兔年）或酉年（雞年）爆發『偏財運』或『暴發運』。並以命盤中之火星（鈴星）與紫微、貪狼同在酉宮時的格局為此『偏財運』及『暴發運』程中，可爆發最大旺運機會的年份。

其『爆發月份』為行經『卯宮』或『酉宮』的流月月份。『爆發日』也是流日行經卯宮或酉宮的日子。

每一年中，流月行經『卯宮』或『酉宮』時，亦會爆發一些小的『偏財運』或『暴發運』。

其人一生中以大運、流年、流月三度重逢經過下列各圖中之深灰色『火（鈴）貪格』宮位的時間，為其一生最大『偏財運』爆發的時間。

『卯酉火(鈴)貪格』的爆發日子

『卯酉火(鈴)貪格』有四種狀況，如下列四圖中顯示。凡流年、流月、流日經過下列四圖中之較深灰色部份的宮位時，其『偏財運』與『暴發運』爆發得較大。而淺灰色宮位時間，其『偏財運』爆發得較弱。

在此『卯酉火(鈴)貪格』中，此格式為第三強之『偏財運格』。以卯年爆發的威力較強、酉年次之。

4.紫微在卯

天相(得) 巳	天梁(廟) 午	廉貞(平) 七殺(廟) 未	申
巨門(陷) 辰			酉
紫微(旺) 貪狼(平) 火星(鈴) 卯			天同(平) 戌
天機(得) 太陰(旺) 寅	天府(廟) 丑	太陽(陷) 子	武曲(平) 破軍(平) 亥

在此『卯酉火(鈴)貪格』中，此格式為第二強之『偏財運格』。在此格中卯年和酉年的爆發力一樣強。

4.紫微在卯

天相(得) 巳	天梁(廟) 午	廉貞(平) 七殺(廟) 未	申
巨門(陷) 辰			火星(鈴) 酉
紫微(旺) 貪狼(平) 卯			天同(平) 戌
天機(得) 太陰(旺) 寅	天府(廟) 丑	太陽(陷) 子	武曲(平) 破軍(平) 亥

在『卯酉火(鈴)貪格』中，此格式為最弱之偏財運格。以酉年爆發的威力較強。

10.紫微在酉

武曲(平) 破軍(平) 巳	太陽(旺) 午	天府(廟) 未	天機(得) 太陰(平) 申
天同(平) 辰			紫微(旺) 貪狼(平) 酉
火星(鈴) 卯			巨門(陷) 戌
寅	廉貞平 七殺(廟) 丑	天梁(廟) 子	天相(得) 亥

在此『卯酉火(鈴)貪格』中，此格式為爆發力最強之命格。以酉年爆發的威力最強、卯年較弱。

10.紫微在酉

武曲(平) 破軍(平) 巳	太陽(旺) 午	天府(廟) 未	天機(得) 太陰(平) 申
天同(平) 辰			紫微(旺) 貪狼(平) 火星(鈴) 酉
卯			巨門(陷) 戌
寅	廉貞平 七殺(廟) 丑	天梁(廟) 子	天相(得) 亥

4. 『巳亥火（鈴）貪格』爆發的日子

『巳亥火（鈴）貪格』的擁有者，會在巳年（蛇年）或亥年（豬年）爆發『偏財運』或『暴發運』。並以命盤中之火星（鈴星）與廉貞、貪狼在巳宮時的格局，為此『偏財運』程中，可爆發最大旺運機會的年份。

其『爆發月份』為行經『巳宮』或『亥宮』的流月月份。

『爆發日』也是流日行經巳宮或亥宮的日子。

每一年中，流月行經『巳宮』或『亥宮』時，亦會爆發一些小小的『偏財運』或『暴發運』。

其人一生中也以大運、流年、流月三度重逢經過下列各圖中之深灰色宮位時間時，為其一生最大『偏財運』爆發的時間。

◎驚爆偏財運

『巳亥火（鈴）貪格』的爆發日子

『巳亥火（鈴）貪格』有四種情況，如下列四圖中顯示。凡流年、流月、流日行經下列四圖中較深灰色的宮位時，其『偏財運』與『爆發運』爆發得較大。而淺灰色宮位時間，其『偏財運』與『暴發運』爆發得較弱。

在此『巳亥火(鈴)貪格』中，此格式為最強之『偏財運格』。以巳年爆發的威力最大，亥年較弱。

2.紫微在丑

廉貞(陷) 貪狼(陷) 火星(鈴) 巳	巨門(旺) 午	天相(得) 未	天同(旺) 天梁(陷) 申
太陰(陷) 辰			武曲(平) 七殺(旺) 酉
天府(得) 卯			太陽(陷) 戌
寅	紫微(廟) 破軍(旺) 丑	天機(廟) 子	亥

在此『巳亥火(鈴)貪格』中，此格式為第四強之『偏財運格』。在此格中仍以亥年稍強，巳年較弱。

2.紫微在丑

廉貞(陷) 貪狼(陷) 巳	巨門(旺) 午	天相(得) 未	天同(旺) 天梁(陷) 申
太陰(陷) 辰			武曲(平) 七殺(旺) 酉
天府(得) 卯			太陽(陷) 戌
寅	紫微(廟) 破軍(旺) 丑	天機(廟) 子	火星(鈴) 亥

8.紫微在未

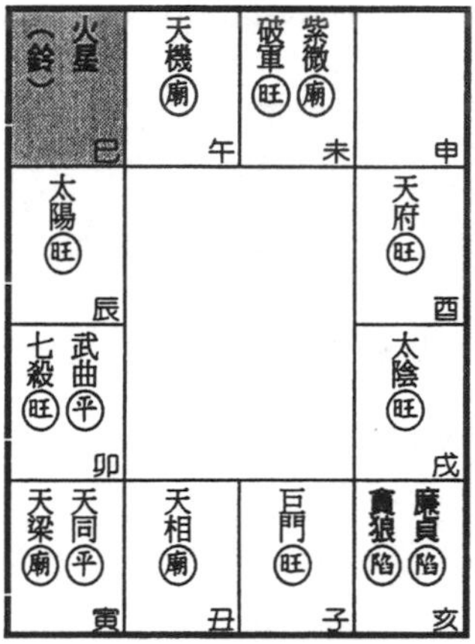

在此『巳亥火(鈴)貪格』中，此格式為第二強之『偏財運格』。以巳年爆發的威力強，亥年較弱。

8.紫微在未

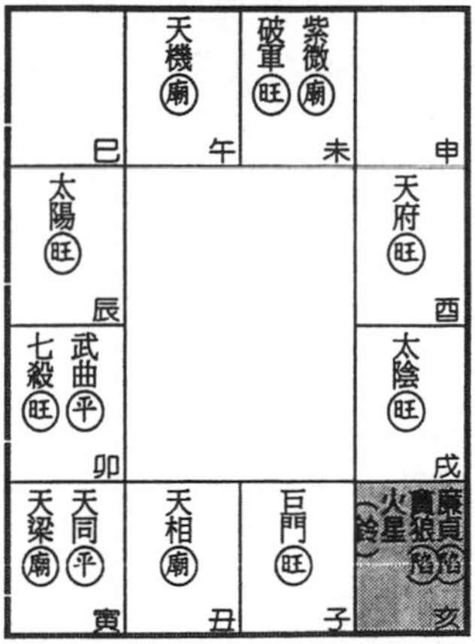

在此『巳亥火(鈴)貪格』中，此格式為第三強之『偏財運格』。在此格中仍以亥年稍強，巳年較弱。

『雙重暴發運格』的爆發日子

具有『雙重暴發運格』的人，也就是在『武貪格』中又多了『火（鈴）貪格』雙重格局的人。

屬於『辰戌武貪格』加『火貪格』或『鈴貪格』的人，你們還是在『辰年』或『戌年』來爆發，其『爆發月份』和『日期』，仍是以流月、流日行經『辰宮』或『戌宮』的流月、流日為『爆發月』和『爆發日』。

但是要注意的是：不論在『辰宮』或『戌宮』，有武曲和火星（鈴星）同宮時，會有『因財被劫』的問題，則當年不一定能爆發到理想的錢財或好運了。因此本來辰年、戌年皆會爆發的好運，可能會減少了一些，或者是有一個運氣較弱。

屬於『丑未武貪格』『火貪格』或『鈴貪格』的人，你們仍然是在『丑年』或『未年』爆發，只不過若是火星和鈴星是在

『武貪』對宮出現時，你們反而多了一個暴發年。其爆發威力直追第一流的『辰戌武貪格』的暴發旺運。

在這兩個屬於『辰戌武火(鈴)貪格』的雙重暴發運格式，並不能真正製造『雙重暴發格』，因武曲財星被火星所劫財的關係，當流年、流月行經這兩個宮位中，反而無法感受到較高的『偏財運』、『暴發運』的效果，因此在此格中，反而好像少了一個好運道。

9.紫微在申

太陽(旺) 巳	破軍(廟) 午	天機(陷) 未	紫微(旺) 天府(得) 申
武曲(廟) 火星 (鈴) 辰			太陰(旺) 酉
天同(平) 卯			貪狼(廟) 戌
七殺(廟) 寅	天梁(旺) 丑	廉貞(平) 天相(廟) 子	巨門(旺) 亥

3.紫微在寅

巨門(旺) 巳	廉貞(平) 天相(廟) 午	天梁(旺) 未	七殺(廟) 申
貪狼(廟) 辰			天同(平) 酉
太陰(陷) 卯			武曲(廟) 火星 (鈴) 戌
紫微(旺) 天府(廟) 寅	天機(陷) 丑	破軍(廟) 子	太陽(陷) 亥

在這兩個屬於『辰戌武火(鈴)貪格』的雙重暴發運格式中，才是真正擁有『雙重暴發格』的人。辰年和戌年所暴發的財運和旺運是同樣超強威力的暴發運。錢財和暴發都可因而增大。武曲年注重在財富的暴發。火貪年注意事業及人緣機會的暴發。

9.紫微在申

太陽(旺) 巳	破軍(廟) 午	天機(陷) 未	紫微(旺) 天府(得) 申
武曲(廟) 辰			太陰(旺) 酉
天同(平) 卯			貪狼(廟) 火星(鈴) 戌
七殺(廟) 寅	天梁(旺) 丑	廉貞(平) 天相(廟) 子	巨門(旺) 亥

3.紫微在寅

巨門(旺) 巳	廉貞(平) 天相(廟) 午	天梁(旺) 未	七殺(廟) 申
貪狼(廟) 火星(鈴) 辰			天同(平) 酉
太陰(陷) 卯			武曲(廟) 戌
紫微(旺) 天府(廟) 寅	天機(陷) 丑	破軍(廟) 子	太陽(陷) 亥

在這兩個屬於『丑未火武貪、鈴武格』的『雙重暴發運』格式中，因火星(鈴星)在武貪對宮相照的結果，本來此格中真正強的爆發運要十二年才真正輪到爆發的，現在有火星（鈴星）在對宮引爆，因此變成每六年爆發一次『暴發運』及『偏財運』了。其爆發的威力及旺度，直逼第一等級的『辰戌武貪格』暴發運。

6.紫微在巳

紫微(旺) 七殺(平) 巳	午	火星 (鈴) 未	申
天機(平) 天梁(廟) 辰			廉貞(平) 破軍(陷) 酉
天相(陷) 卯			戌
太陽(旺) 巨門(廟) 寅	武曲(廟) 貪狼(廟) 丑	天同(旺) 太陰(廟) 子	天府(得) 亥

12.紫微在亥

天府(得) 巳	天同(陷) 太陰(平) 午	武曲(廟) 貪狼(廟) 未	太陽(得) 巨門(廟) 申
辰			天相(陷) 酉
廉貞(平) 破軍(陷) 卯			天機(平) 天梁(廟) 戌
寅	火星 (鈴) 丑	子	紫微(旺) 七殺(平) 亥

在這兩個屬於『丑未火武貪、鈴武貪格』的『雙重暴發運』格式中，極強的『雙重暴發運』全集中在『武曲、貪狼、火星(鈴)』同在一宮的年份上。上圖的格式是全在丑年爆發，未年為極弱的旺運年份。而下圖的格式則全發在未年，而丑年成為極弱的旺運年份。

6.紫微在巳

紫微(旺) 七殺(平) 巳	午	未	申
天機(平) 天梁(廟) 辰			廉貞(平) 破軍(陷) 酉
天相(陷) 卯			戌
太陽(旺) 巨門(廟) 寅	武曲(廟) 貪狼(廟) 火星(鈴) 丑	天同(旺) 太陰(廟) 子	天府(得) 亥

12.紫微在亥

天府(得) 巳	天同(陷) 太陰(平) 午	武曲(廟) 貪狼(廟) 火星(鈴) 未	太陽(得) 巨門(廟) 申
辰			天相(陷) 酉
廉貞(平) 破軍(陷) 卯			天機(平) 天梁(廟) 戌
寅	丑	子	紫微(旺) 七殺(平) 亥

第七章　用『喜用神』的威力來找出『暴發運』的爆發日子

大家都知道：『喜用神』在每一個人的生命中都是具有關鍵性的影響作用的。普通你利用『喜用神』的方位來趨吉找旺運。但是你恐怕不知道，可以利用『喜用神』的干支來找出『暴發運』最旺的日子吧？這一點是百試靈驗，不但可以找出每一個小的『偏財運』點的時間，亦可找出最大偏財運的發作時間。

◎驚爆偏財運

方法是：1.首先找出自己的『喜用神』為何。
2.由『喜用神』得知自己的大運方向。
3.由大運方向找出偏財運爆發日子干支。

※欲知道自己的『喜用神』為何者，請向你的命理師詢問，或者請參考法雲居士已出版的『如何選取喜用神』及『八字王』等書。

由『喜用神』找出大運方向

《表一》

用神為『甲木』者——運行東方
用神為『乙木』者——運行東方
用神為『木火』者——運行東南
用神為『丙火』者——運行南方
用神為『丁火』者——運行南方
用神為『戊土』者——運行中土
用神為『己土』者——運行中土
用神為『火土』者——運行南方
用神為『庚金』者——運行西方
用神為『辛金』者——運行西方
用神為『金水』者——運行西北
用神為『壬水』者——運行北方
用神為『癸水』者——運行北方

由大運方向找出偏財運干支

《表二》

大運所在之處	偏財運的干支
東方運	甲寅、乙卯。
東南運	丙戌、丁亥。
南方運	丙午、丁未。
西南運	丙申、下酉。
西方運	庚申、辛酉、庚寅。
西北運	庚子、辛丑、壬申。
北方運	壬子、癸丑。
東北運	壬寅、癸卯。
運行中土	戊辰、己巳。戊戌、己亥。
運行火土	丙午、丁未。

解說：『喜用神』即是每個人的命理格局中之『喜神』、『用神』之意。

在每個人『八字』的命理格局中，通常都有一種可以扶助本命，達成其人行運順利、身強財旺、富貴顯達的重要關鍵因素。這個因素也就是在其人的命中有缺水的，就以『水』為用神。有缺火的，就以『火』為用神。有缺木的，就以『木』為用神。有缺土或缺金的，就以『土』或『金』為用神。這個『用神』的定義，就是幫助本命趨吉、趨旺的最重要的補救元素。缺少了便難以順暢、發達。

『喜用神』是藥。八字不好的人更需要利用『喜用神』的救治。

八字不好的人，其『八字』中的八個字（四個天干、四個地支）會不在格局之上，必須另外配藥。（喜用神為命理格局之『藥』。為救助『人之運氣』之良藥）。同時某些人的命理格局中需要兩個以上的藥（用神）才能救助，狀況是每個人都不一樣的。因此必須專業命理師為你把脈，找出『用神』的喜忌才行。

在你找到了自己的用神之後，立刻可以從《表一》中找出大運運行的方向。這個大運方向也同時是你最宜生財發達的吉方和財方。這是影響你一生行運順利的關鍵方位，你必須謹記及嚴守此方位方向，才會凡事順利多得財利。

『偏財運干支』的尋找和應用

由《表二》中我們可由大運方向再找出『偏財運干支』。

請注意：

1. 偏財運干支，不但是你發大運的干支年份，同時也是你的爆發『偏財運』的爆發日。

2.偏財運干支從你的『喜用神』中得出，同時它也會出現在你紫微命盤中，你只要用心檢查一下，便可找出來。

舉例說明：

郝柏村先生是民國八年生的人。其八字是己未、壬申、辛卯、壬辰。其『喜用神』是『戊土』。偏財運干支為『戊辰、己巳』這一組。我們也可從其命盤中發覺到他的『辰戌武貪格』中，在辰宮的暴發宮位，正是戊辰。

另外，我們也可發現在民國七十七年戊辰年時，郝先生正在走人生最大之『暴發運』。旺運爆發後名聲響亮，隨後得到李登輝總統的延請組閣，成為中國第一位由軍職入主行政院長之職的人物。此職在古代稱為宰相之職。登朝入相，位居一品，此亦為人生最高主貴之格局了。

由『偏財運』干支找出爆發日的方法

你可以先由紫微命盤中，利用流年、流月的方法找出『暴發年』中的『暴發月』。（也就是『武貪格』、『火貪格』、『鈴貪格』所臨宮位的月份。用流月法算出它是幾月？）再由爆發月份中，找出與你所屬的『偏財運干支』的日子，把他們全圈選起來。倘若再從『流日』的算法中算出有『偏財運格』的日子，看它是初幾？（農曆幾號）而這個日子的日干支剛好又是『偏財日干支』的話，鐵定這天便是『爆發日』了。

《流年、流月的算法謹附於本書最後一節》

如何推算大運．流年．流月《上．下冊》

第八章　三合宮位所形成的暴發運

在我寫這本『驚爆偏財運』時，有很多朋友在自己的命盤中一下子找不到我所說的格局，因此非常的急切，頻頻向我探尋：

『我命盤上的火星、鈴星和貪狼是在三合宮位中形成角度的，是不是也會有偏財運呢？』

又有人問：

『我命盤中的武曲星和貪狼星是在三合宮位相照的，是不是會有偏財運呢？』

現在我來一一解釋清楚。

三合宮位的偏財運及暴發運

所謂三合宮位的偏財運和暴發運，很簡單的來說，就是在『殺破狼』格局上，在七殺或破軍星所在的宮位中有火星和鈴星同宮的情況。(因為火星、鈴星是和貪狼同宮時，則一定是『火貪格』、『鈴貪格』了，不必再可憐兮兮的談三合宮位的偏財運了)。

既然火星或鈴星是和破軍同宮，亦或是火星、鈴星和七殺同宮，則同樣會成為雙煞同宮或相照的局面。諸位試想，此狀況難道不凶嗎？

火星、鈴星只有和貪狼同宮或相照，成一八〇度或三六〇度的角度時，才能得以制化、解惡。普通在三合宮位成六〇度時，遇吉星是相合，遇凶星則相刑。火星、鈴星一般情況只是煞星，因此無法稱相合，在道理上是無法形成偏財運和暴發運的。

但是我們又可以發現在流月中，某一個月份又會有些小偏財的出現。你不要高興太早了，那並不是暴發運格。那只是運行『貪狼運』罷了。一般來說，每一個人在運行『貪狼運』時都有一些小偏財、小旺運，只有你的命格中的貪狼星是和廉貞星同在亥宮的人，是比較感覺不出好運道。若是『火（鈴）廉貪』在亥宮同宮的人也依然能感覺出偏財運的。沒有火星、鈴星與廉貪在亥宮同宮的人，因貪狼陷落的關係，才無法感覺出好運。

另外，若火星、鈴星單獨存在於某一個宮位中，尤其是在財帛宮獨坐時，流年、流月是會遇到一些金錢上的好運道，發一些小偏財的。不過這種小偏財運是絕對比不上『火貪格』和『鈴貪格』爆發得大，所獲得的意外之財也沒『偏財運格』來得多。

第二個問題談的是武曲星和貪狼星在三合宮位中相遇的問題。

武曲星和貪狼星在三合宮位相遇，這必然是『紫微在卯』、『紫微在酉』命盤格式中，紫貪和武破、廉殺分處在三合宮位上。

④紫微在卯

⑩紫微在酉

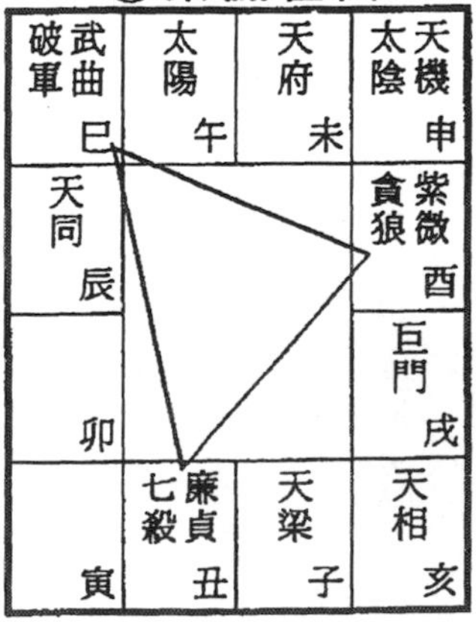

武曲和破軍同宮於巳、亥宮時皆居平陷之位。財星被煞星戕害，是『因財被劫』的模式。三合宮位的另外一宮位中的廉貞、七殺亦同為煞星，試問如此的格局，還算得上是『武貪格』暴發運嗎？

不過貪狼在卯、酉宮雖居平陷之位，但因紫微化吉的超級力量，在流年、流月中仍會給你帶來好運道、好的人緣關係及一些小小的偏財運。但這種流年、流月的小運道，是絕對稱不上是暴發運，也無法和命格中的『偏財運格』相提並論的。

紫微面相學

法雲居士⊙著

『面相』是一體兩面的事情，我們可以從一個人的外表來探測其內心世界，也可從一個人所發生的某些事情來得知此人的命運歷程。『紫微面相學』更是面相中的翹楚，在紫微命理裡，命宮主星便顯露了人一切的外在面貌、精神與內在的善惡、急躁、溫和。

『紫微面相學』能從見面的第一印象中，立刻探知其人的內在性格、貪念，與心中最在意的事，與其人的價值觀，並且可以讓您掌握到此人的所有身家資料。

『紫微面相學』是一本教您從人的面貌上，就能掌握對方性格、喜好，並預知其前途命運的一本書。

『紫微面相學』同時也是溫故知新、面對自己、改善自己前途命運的一本好書！

第九章 化權、化祿、化科、化忌對偏財運格或暴發運格的影響

化權星對偏財運格、暴發運格的影響

化權星在『偏財運格』及『暴發運格』中的地位是極其尊貴又富有強勢推頂作用的。它不但能促使『暴發運』、『偏財運』爆發時的速度增快，更能使其有效的、力量強大的爆發開來。

我們看武曲化權的特殊效應：

武曲化權

庚年生的人有武曲化權。倘若此人的命盤格局是『辰戌武貪格』，其人無論是在政治體系上，做軍警職亦或是企業主從商，都會向這三方面選其一去發展。並且在其事業力量強大之後，其人最終的興趣仍然還進入政治圈中，從而享受權力的快感，以及掌握錢財的支配慾。這就是具有武曲化權的人特殊的命運。

倘若你的命盤格局是『丑未武貪格』。而又是庚年生的人，具有武曲化權，那你不是從軍警職，便會在一個機關、公司裡掌握財政大權。此命格的人若做政治人物會非常的辛苦，因武貪在丑、未同宮，雖有化權，但因對宮是空宮，真正的好運要十二年才走到一次，實屬氣運上的不濟。

貪狼化權

己年生的人有貪狼化權，這在『暴發格』上是極端好運的人，因為己年生的人又有武曲化祿，則不論你是『辰戌武貪格』的人，或是『丑未武貪格』的人，你都會在『暴發運格』上，財富與權位一起爆發開來，富貴與權位齊得，這真是天之驕子的命格了。

但是己年生的人最害怕碰到的是『紫微在丑』、『紫微在未』、『紫微在卯』、『紫微在酉』四個命盤格式的人了！『紫微在丑』、『紫微在未』命盤格式中，貪狼居陷位化權和廉貞居陷在巳、亥宮，能增旺運、偏運的力量太薄弱，有時會使人轉向不正當的求財方式，若有火、鈴同宮相激更是不妙，屬於異途顯達、敗落更快的局面。而己年武曲化祿（居平之位）與七殺同宮，財星『因財被劫』，化祿亦無多大用處，實為可惜！因此已年生的人，又屬這兩個命盤格局的人，貪狼化權和武曲化祿對其人可利用的價值不大。只會增加金錢上稍許的順利和掌握一些日常生活中小小的好運機會而已。

在『紫微在卯』、『紫微在酉』的命盤格式中，貪狼在卯、酉宮雖居平位不強，但有紫微帝王星扶助的力量，可以在人緣機會上、升官方面、交際應酬、逢迎拍馬的機會上，貪狼化權可助你掌握先機，並且可以立刻擁有主導整個人緣關係的機會。例如在這個運程裡你可在你的上司、老板前面，掌握到好機會，阿諛進言，上司老板都會聽你的，你順便也掌握了自己升官的機會，或是自己掌權開業的機會了。

紫微、貪狼化權也利於考試上的好運道，你會在這個紫貪化權的流年流月中特別得到師長的好感，而讓你考試順利的。

要注意的是：貪狼主要是靠人緣的關係（桃花作用）而起的旺運、偏財運。化權更能助於旺運及『暴發運』的發作與主控其發作的狀況。

武曲化權的意義，在於在財富上、權力上、威信上掌握『暴發運』中的主導權、控制權。促其增加『勢力』的權力，這個武曲化權的內含裡是剛硬、直接、強悍的，一定要達成的強制性的爆發作用，這與貪狼化權是完全不同的狀況。

貪狼化權在『火貪格』、『鈴貪格』中又包含了其他的意義：在『火貪格』、『鈴貪格』中，如遇貪狼化權時，在武職（軍警職、調查局等）中，也會具有政治性的升官暴發格。

但貪狼化權在其他行業或讀書階段，做學者、作家的人身上，形成『火貪格』、『鈴貪格』則以『金錢』的力量較重。例如作家、學者突然因發表文章、書籍而大賣座，得到大筆版稅等等。另外行業的人，可能因玩賭博遊戲而贏錢之類。

因此，**貪狼化權**在『火貪格』、『鈴貪格』中以主導『爆發旺運』的意味為主。

化祿星對偏財運格、暴發運格的影響

化祿星在『偏財運格』、『暴發運格』中的地位是偏向於以圓滑、迂迴的方式去促進『偏財運格』、『暴發運格』的爆發力量，並從中得利，此利益以金錢為導向。

武曲化祿

例如武曲化祿在『辰戌武貪格』中，是剛硬、悍直，但可利用本身財多的力量去圓滑的達成自己的願望。

我們可以看到郝柏村先生是武曲化祿在辰宮坐命的人，對宮有貪狼化權相照。在這個命格中就很容易解釋武曲化祿的原由了。

郝先生有剛直、不屈不撓、武曲坐命人的性格，有化祿這顆星之後，我們可以看到他在某些事物上也並不是那麼一昧的固執，反而化祿幫助他有更圓通的人際關係。而外在環境的貪狼化權，更是幫助他掌握了事業裡周圍事物的主導權，而可以做到一級將領的職務，並且在民國七十七年龍年聲名大噪，隨後接下行政院長的職務。

常有人要問我，後來的政爭，郝院長又黯然下台與原來的暴發運又有什麼關係呢？

我們可以看到武曲坐命辰宮的人，是『辰戌武貪格』的人，亦屬『紫微在申』命盤格局，此格局在辰、戌年爆發，在午、未年是暴落的年份。因此郝院長接行政院長一職已至『暴發運』的尾端，隨即而臨暴落的運程，才會不敵對手的強勢運作而下台。倘若在戌年的暴發運格去接院長之職，問題就不會那麼嚴重了。

貪狼化祿

貪狼主好運、旺運、偏財、人際圓融的關係，帶有桃花。化祿主財運，也帶有人緣桃花。

貪狼化祿實則以人際關係、圓融廣闊、而在錢財方面有很大的增益。因此貪狼化祿在『偏財運格』中會增進爆發錢財的力量使其更多，更容易的獲得，使錢財的數量更廣大。

貪狼化祿若在武職人員或政治人物的『暴發運格』中，所發揮的力量，只是機會更多、人緣更好、更圓通、左右逢源，財的部份有一點，例如升職、薪水增多，力量是不算強的，除非你再去兼職投機性的事業，例如玩股票、期貨或到賭場試試手氣，否則也看不出在錢財上有太大的增進。

貪狼化祿又兼而有『火貪格』、『鈴貪格』的人，更是如此，是對『偏財運格』有極力推動功效的力量。在事業上的力量也有，但並不如『武貪格』那麼強了，在金錢方面可得意外之財。

化科星對『偏財運』、『暴發運』格的影響

化科星對『偏財運』格、『暴發運』格的影響是很微弱的。

在偏財運格、暴發運格中只有『武貪格』中的武曲星會遇到化科星，而貪狼、火星、鈴星都不會遇到化科星。

武曲化科的意義只能在處理錢財、事務的方式上有助益。武曲是財星、武星（含有政治武鬥的意味）。化科是文星。本來武曲化科的力量就不強，而且財星、武星與文星彼此上沒有太大的交集點，故而在偏財運與暴發運上也不會帶來太多的衝擊力量，因此它對偏財運格與暴發運格的影響是微乎其微的。

羊陀火鈴

化忌星對『偏財運』、『暴發運』格的影響

化忌星是咎星、是非口舌、混亂、不吉之星，又名計都星。**化忌星遇『偏財運格』、『暴發運格』為破格**。『偏財運』及『暴發運』都有不爆發，或者是爆發後即遇災禍的狀況發生。

在『武貪格』中，遇武曲化忌時（壬年生的人會遇到），暴發運格會不發，**即使武曲居廟地加化忌，也會因暴發旺運而帶來金錢上的大困擾麻煩。或者根本感覺不出暴發運、偏財運的存在。**

癸年生的人會有『貪狼化忌』，倘若此人又有『偏財運格』、『暴發運格』的話，就是有武曲和貪狼化忌同宮，或者是火星、鈴星和貪狼化忌同宮的時候，我們也稱其為『破格』現象。其人的『暴發運』和『偏財運』倒不一定不爆發，而是爆發後，隨之

而來的災禍連連。有的人認為這倒寧可不爆發還好一點了！

我曾看到一位具有『丑未武貪格』的仁兄，命格中有貪狼化忌的格局，在接到生意，事業上勘稱風順之後，又遇車禍重傷的事故。造成身體上的缺憾。凡貪狼化忌在命宮的人，在其人面部或身體上，都可能產生不完美的現象，或是有異痣、胎記，或是有隱疾的狀況，這是癸年生的人，又命宮坐有貪狼化忌的人，必須小心謹慎的事情。

另外也有一位人士是『**火貪格』中有貪狼化忌的人**，某一年在『火貪格』、『暴發運』剛爆發之後，為人劫財而殺死。因此我也覺得，倘若你的『暴發運格』、『偏財運格』中有貪狼化忌這顆星時，我也勸你乾脆別發了！儘量躲避發財、發運的機會，以保萬全之軀。並且也少招惹麻煩。

第十章　政治人物所喜愛的暴發運

自古以來，政治人物便是影響歷史的主要因素。歷史也是政治人物活躍的舞台。政治明星從舞台上昇起及墜落，在每一個時代裡有其必然性與重要性，是不可忽視的。

秦朝始皇帝嬴政，便是一個因『暴發運』而形成的政治人物。幼年時代為人質，為人洗馬，一餐都不濟，也得不到父親秦莊襄王的喜愛。傳聞嬴政為為呂不韋之子。但是秦莊襄王卒，嬴政嗣位，國政又把持在呂不韋之手，嬴政還年幼，只是一個青少年時代的人。西元前二二一年，秦王政二十六年庚辰年，嬴政自立稱『始皇帝』，戰國時代真正的結束了。接著他就做了許多改革，並命大將蒙恬取匈奴黃河以南之地，又修築長城、開運河。這些建設改革都是在西元前二一五年丙戌年所做的。因此我們可以很輕易的發現，秦始皇嬴政的暴發運格就是『辰戌武貪格』的格局。

歷代君王很多都具有『暴發格』

此外漢高祖劉邦及唐代的武則天、宋代的趙匡胤、元朝的忽必烈、明朝的朱元璋，這些開國君王，大都是擁有『暴發運』而起家的政治人物。另外像擁有文治武功的清康熙、乾隆等皇帝也同樣是在命格中擁有『暴發運』，而鞏固江山的君主。

到底是『暴發運』創造了歷史呢？還是政治人物利用『暴發運』的強力震撼力去憾動歷史了呢？這些問題都恐怕不是三言兩語所能交待清楚的了。

古代是這樣，現在二十世紀亦是如此。中國是如此，外國亦是如此。日本的德川家康、法國的拿破崙，甚至德國的希特勒，是誰付與了他們改變歷史的力量，在歷史上重重揮灑下強烈的記號？靠的就是『暴發運格』。

再推回到中國近代史中最有名的事件，就是『西安事件』了，若要追根究底，這個事件也直接影響到現在台灣政局的形成。

『西安事件』就是因為『暴發格』而形成的

『西安事件』中的幾個主要角色中，張學良是具有『卯酉火貪格』的暴發運格的人，其父張作霖是『巳亥鈴廉貪格』的暴發運格的人，蔣宋美齡是『武貪格』坐命的人，而周恩來、毛澤東都是具有暴發格的人。你看！這麼多具有『暴發格』的人在同一個時代裡作用，風雲際會，怎麼會沒有影響中國命運的大事產生呢？這其中還沒有算上在底下較勁的各級將領的『暴發運格』的威力呢！因此『暴發運格』會造就創造新時代的力量，有時也會毀滅一個時代，這是一點也不假的了。

事實上，英雄創造時代有其必然性。因為每一個具有『暴發運格』的人，都有彪悍堅強的性格和意志力，勇敢和好爭鬥及持久性、心思縝密、並且帶有奸詐的謀略，與強力壓制他人，使他人進入和自己利益相同的戰線之上的力量。

倘若失去了以上的這股力量，英雄便不為英雄了，暴發格也產生不了作用。因此我們也可以瞭解到要做成功的、青史留名的政治人物，命格必須是強悍有力的了。這種命格在一般人的眼中也許算是帶有凶煞的命格。然而每一個厲害的政治人物卻必需是配備這種命格再加上一定時效性的好運、『暴發運』才能成就一片事業出來！

蔣宋美齡女士的命盤

官祿宮 紫微 七殺 火星 陀羅 左輔 天馬 乙巳 〈身宮〉	僕役宮 文曲 祿存 紅鸞 丙午	遷移宮 擎羊 丁未	疾厄宮 文昌 戊申
田宅宮 天機化科 天梁 甲辰	陰女	1897年2月12日寅時	財帛宮 廉貞 破軍 天鉞 右弼 天空 己酉
福德宮 天相 癸卯	木三局		子女宮 天刑 庚戌
父母宮 太陽 巨門化忌 天姚 壬寅	命宮 武曲 貪狼 癸丑	兄弟宮 天同化權 太陰化祿 鈴星 陰煞 壬子	夫妻宮 天府 天魁 辛亥

張作霖的命盤

田宅宮 廉貞 貪狼 文曲 左輔 辛巳	官祿宮 巨門 壬午	僕役宮 天相 台輔 癸未	遷移宮 天同 天梁化權 天鉞 甲申
福德宮 太陰化忌 擎羊 《身宮》 庚辰		光緒元年2月12日丑時	疾厄宮 武曲 七殺 文昌 右弼 乙酉
父母宮 天府 祿存 己卯	土五局		財帛宮 太陽 火星 天刑 天空 丙戌
命宮 陀羅 天姚 戊寅	兄弟宮 紫微化科 破軍 己丑	夫妻宮 天機化祿 陰煞 天魁 地劫 戊子	子女宮 鈴星 丁亥

張學良的命盤

命宮 武曲 破軍 天福 〈身宮〉 癸巳	父母宮 太陽化權 天魁 台輔 甲午	福德宮 天府 左輔 右弼 乙未	田宅宮 天機 太陰 陀羅 陰煞 丙申
兄弟宮 天同 文曲化科 天姚 壬辰	陰男 辛丑 癸巳 壬子 庚子		官祿宮 紫微 貪狼 祿存 丁酉
夫妻宮 火星 辛卯	水二局		僕移宮 巨門化祿 擎羊 文昌化忌 鈴星 戊戌
子女宮 天鉞 封誥 庚寅	財帛宮 廉貞 七殺 辛丑	疾厄宮 天梁 天刑 庚子	遷移宮 天相 天空 地劫 乙亥

驚爆偏財運

民主時代，選戰更需要『暴發運格』

現今台灣已經進入自由民主的選舉時代，已經脫離了以前封建的窠臼，難道還需要『暴發運』的推波助瀾嗎？

當然需要！這個答案是肯定的。

在政治戰場上，寧為馬首，不做牛後，當然需要更多的競爭力，這種強烈的競爭力在命理上被稱為『煞』氣。煞氣不足的人是不足以震服敵人，壓制過敵人的。除了煞氣，另外還需要一些時間上的運氣，這種運氣就是『暴發運』了。

當二〇一〇年，庚寅年，在命盤格局上，只有寅宮和申宮有貪狼星的人，還得時間生的好，要在寅宮和申宮有火星、鈴星進入的人，該年才會有『暴發運』，在選戰上佔有先天的優勢。不過呢！在開票的那一天所屬的流月運程正逢『火貪格』、『鈴貪格』，或者正走著『貪狼運』的人，都會有勝利的機會。

在寅年，只有『紫微在辰』、『紫微在戌』命盤格式的人才可能形成『偏財運』和『暴發運』。其他的人在寅年都不屬於暴發運的格局。因此如果有選舉便可好好打一場漂亮的選戰了。寅年大多數的人都走同梁運、陽巨運、機陰運、武相運、紫府運、破軍運、七殺運。這些運程中如同梁運、紫府運是屬於比較平和、慵懶、享福的運程，競爭心並不一定很強。但二〇一〇年是庚寅年，庚年有武曲化權，因此走『武相運』的人相對的有好運氣，能掌握錢財和權力、地位。而機陰運、陽巨運是變化多端，帶有一些是非的運氣。破軍運與七殺運雖屬爭戰性強烈的運氣，但很辛苦異常，破耗又多。

因此庚寅年如果有選舉之戰，大家的運氣都會因強力拉抬經濟上升，那一年才是真止的能搞好經濟之年了。否則就再會有戰爭發生了。

兩岸關係的角力也會因『暴發運』而決勝負

『暴發運』會改變歷史，會形成歷史，這在命理學上是不爭的事實。並且一個國家的政治結構中的人物，具有『暴發運格』的人數較多時，容易發生好戰現象，這也是不爭的事實。

目前我們所知前中共國家主席江澤民先生及副總理朱鎔基先生都是『武貪格』暴發運格的人，一個是『辰戌武貪格』，一個是『丑未武貪格』的人。現正當朝的國家主席胡錦濤先生是廉貞坐命的人。我們相信在中共政府裡及軍階將領中還有很多的暴發運格的人，才會形成目前兩岸關係的時時緊張的局面。

從西元二〇〇三年的時候，時序已轉至之八運了，全世界的運氣轉到貪狼運。這是一個屬於東方人的運氣，此時整個的東方會生氣勃勃，再加上北京奧運會及二〇一〇年的世界博覽會都在中國舉行，東方的經濟是威力驚人的。

既然有這個運氣的存在，而同屬東方的中國大陸和台灣，也必然成為運氣中的主角。理應協手共赴旺運（貪狼運是一個旺運）。

最近兩岸已展開協商，這是一個好的開始。但是談判桌上必需要有旗鼓相當的對手，才會有精彩的演出。大陸方面既然主事者有這麼多的『暴發運』格的人，台灣方面也絕對不能掉以輕心，更應該在自己在政治體系中挑選出，具有『暴發運』格的政治精英，並且在即將到來的暴發運中，參與談判，這才可能達到台灣政治主流一向喜好聲稱的『雙贏』局面。

第十一章　國家領導人及軍警人員所喜愛的暴發運

普通在命理學的歸類上，把軍人、警察、調查局、情報局的人員，甚至於市場中耍把式叫賣物品的練過武術的師傅都算做『武職人員』。

在這一節裡，我要談的是『武職人員的暴發運』。

軍人立戰功、功業彪炳的人很多，但是也必須要有時機，而當戰爭爆發的年歲裡，多半是在破軍星當運的年歲。這本來在該地區就是屬於『殺破狼格局』的關鍵時刻，倘若再遇到具有『暴發運格』的將領、指揮官，在時間、空間的相互配合之下，要創造蓋世的功業，戰勝敵軍、名震遐邇，是一觸即發的事情。

將軍與國家領導人的暴發運

在軍人之中具有『暴發運格』的人，非常之多，尤其是具有『武貪格』暴發運的人。其次才是『火貪格』、『鈴貪格』的人。因為在軍人的氣質中本來就具有這種衝動的、強悍的、不服輸的旺運氣質。如此才會有紀律、有士氣。否則就成了『敗兵之將不能言勇』了。

清代名將左宗棠即是一位具有『暴發運格』的名將。在他旺運起運時，找到開銀莊生意的胡雪巖替他籌措軍費，而展開平定回疆，穩定清代西部疆域的重大功業。同時也造就了另一個有『暴發運格』的商人胡雪巖。

左宗棠平定回疆的軍務非常順利，敵軍聞左公之名聲而喪膽。但是當時西域的政治環境非常險惡。俄國、英國都在虎視眈眈的注視這塊肥田，再利用清廷中之小人，加上李鴻章一派的人親向和談，因此在左宗棠大運將結束時，被清廷召回，無法完成平靖回疆的壯志。這也是『暴發運格』已過，已進入『暴落』的時期，而造成功虧一潰，情勢比人強的狀況，令人扼腕。

在現今我們這個年代中，具有『暴發運格』的將領有郝柏村先生，已逝世的王老虎王叔銘將軍等人。張學良先生也算是軍人出身的人，只是不做軍人久矣，他也是『火貪格』暴發運格的人。其父張作霖更是『鈴貪格』的人，你看！這並不全然是巧合的吧！

另外，蔣夫人宋美齡女士雖不算軍人出身，但是卻是創立中國空軍，從買飛機到成軍無一不包，在八年抗日戰爭中付出良多，做的事情很多都與軍事有關。她也是『武貪格』坐命，是真

驚爆偏財運

正『暴發格』坐命宮的人。

現在你一定非常奇怪，想要知道，既然這麼多的人都具有暴發運，那身為抗戰領袖、委員長的蔣介石先生難道沒有『暴發運格』嗎？

的確！老總統蔣介石先生是沒有『暴發運格』的人，既沒有『武貪格』，也沒有『火貪格』及『鈴貪格』。他是機巨坐命在卯宮的人稱之為『破盪格』，是天生做軍人領袖的命格。其人命盤格局中的貪狼星在寅宮，相照一組的星曜是廉貞星在申宮。

沒有『暴發運格』的人打仗也打得非常辛苦。我們縱觀老總統蔣介石的一生戰役中，就以民國十年左右的北伐戰役，以及清黨時期為較風光，這正是老總統本人正在走武曲、天府大運的旺運運程，名氣響亮。及至西元一九三七年（民國二十六年）老總統五十歲時，走的是天同化權的大運，因此可以凝聚全國上下一心，一致抗日，展開八年長期抗戰。但是我們必須注意到的是這個運程至老總統五十三歲便已告完畢，接下來五十四歲走的是破軍運程，此運雖有利於出戰，但是仍諸多不利。最後大陸失守也是處於這個大運之上。接下來的空宮弱運當然固守在台灣了。

至此，我們由一個軍人、一個國家的領導人，一個戰爭中的將領，以及身為老百姓的父母官來看，在國家危難的當兒，被一個本身大運不好，又沒有『暴發運格』來助長旺勢、解救老百姓危難於戰爭之中的人、來做中國全體百姓的命運舵手，不但使戰爭時期拉長，且使山河變色，不但是其個人的悲哀，實則也是當時中國老百姓的悲哀了。

另外，我們從另一方面來說，蔣老總統的對手毛澤東就是有『火貪格暴發運格』的人。亂世出英雄似的攫取了中國大壁江山，創造了中國人民共和國。從命理的角度來看，這真是『時也！命也！運也！』了。

老總統蔣介石的命盤

	84－93	74－83	
福德宮 天刑 鈴星 陀羅 天梁 〈身宮〉乙巳	田宅宮 地劫 祿存 七殺 丙午	官祿宮 擎羊 丁未	僕役宮 天馬 廉貞 戊申
父母宮 天空 火星 天相 紫微 甲辰	辛 己 庚 丁 未 巳 戌 亥	陰男	遷移宮 天姚 天鉞 己酉　64－73
命宮 文昌 巨門化忌 天機化科 4－13　癸卯	金四局		疾厄宮 陰煞 破軍 54－63　庚戌
兄弟宮 右弼 貪狼 14－23　壬寅	夫妻宮 台輔 太陰化祿 太陽 癸丑	子女宮 左輔 天府 武曲 壬子	財帛宮 文曲 天魁 天同化權 44－53　辛亥
	24－33	34－43	

中共前國家主席毛澤東命盤

宮子女 天同 33 — 42 丁巳	夫妻宮 武曲 天府 文昌 陰煞 23 — 32 戊午	兄弟宮 太陽 太陰化科 火星 天空 13 — 22 己未	命　宮 貪狼化忌 文曲 庚申
財帛宮 破軍化祿 《身》 43 — 52 丙辰	木三局	1893年12月26日	父　母 天機 巨門化權 辛酉
疾厄宮 地劫 53 — 62 乙卯			福　德 紫微 天相 紅鸞 壬戌
遷移宮 廉貞 鈴星 左輔 天馬 63 — 72 甲寅	僕役宮 擎羊 73 — 82 乙丑	官祿宮 七殺 祿存 右弼 83 — 92 甲子	田　宅 天梁 陀羅 天姚 癸亥

在這裡我們更可以清晰的回味一下，在軍人的『武貪格』暴發運的擁有者當中，是比較具有較長、較旺的軍人旺運時期的。在人生或就與功績的掌握也會持久得多。而具有『火貪格』、『鈴貪格』的軍職人員，比較會像時代的花朵，以曇花一現的方式暴起暴落，這就像張作霖、張學良父子的情況是一樣的。很快的為時代的巨浪所淹沒了。

警察人員所喜愛的暴發運

警察人員是人民的保母。他們的職務像是平安時代的軍人一般，沒有可戰鬥的對象，如何來發展戰功呢？若是做如此想，那你就便錯了。

現代社會日益複雜，歹徒凶狠無以復加，綁票勒索、販毒、傷害、搶劫、無所不用其極。警察處在如此的環境中還要施展公權力、打擊犯罪，實則與上戰場殺敵有相同的困難度。我們不是常在報紙上看到警察因追捕惡徒殉職的新聞？因此要問道為何警察也與軍人一般列為武職的話，這其中的道理也多半是這個職業也多少帶有『血光、血腥』的味道罷了。

既然如此，『暴發運』與警察人員會有什麼關係呢？**警察人員也非常需要『暴發運格』**。要不然終其一生升職的機會太少，也沒有什麼希望能抓匪徒立大功。

在捉拿綁匪陳進興一案中的市警小隊長侯永宜就是在這麼偶然出現的大案子中間，奮力與匪徒談判，救出人質，而榮升官職的。

侯永宜先生是武殺坐命的人，在他的命盤格局中，『命、財、官』三合宮位都坐在『殺、破、狼』格局之上，一生的財運不算很好，是廉貪陷落的局面，賺錢非常辛苦，但是有火星的進入，形成『火廉貪格』，因此可在四十二歲至五十一歲的大運裡，又機緣巧合的逢此事件而創造一份功績。倘若沒有這個『火廉貪格』，侯永宜先生恐怕也只有默默的挨、苦苦的等，吃苦受累的事有他，升官發財的事無份的終其一生了。

另外我們看因三件大案子下台的市警局長姚高橋先生的問題。姚高橋先生是廉破坐命的人，在命盤格局中有『丑未武貪格』。其人做人處事有強勢作風。廉破坐命的人，通常都有冒險犯難，不畏艱難，剛直不怕得罪人的性格，說話既衝動又耿直，敢說敢講。若再有文曲化忌，因言語招致官非是必然的事情。因此姚高橋先生雖在具有『丑未武貪格』的籠罩之下，仍因化忌致使『武貪格』為破格，並沒有享受到其好運、旺運的暴發，而黯然下台。

在警察人員中，若需要突發事件來製造升職、升等的功績的，就需要『火貪格』、『鈴貪格』的暴發運。若是要按部就班進入高階警官職位的人，就必需擁有『武貪格』暴發運。若是要以學識資格進入高階警官之職的人，則不但要擁有『暴發運格』，且需擁有『陽梁昌祿』格，才會官途順利。這種運程運行的方式是和軍人的狀況是一樣的。『陽梁昌祿』格中的『貴人運』與『機緣運』就是使警察人員升官、升職的最佳秘密能量了。

第十二章　商界人士所喜愛的暴發運

做生意的人是最適合有『偏財運』與『暴發運』的。而『暴發運』對於生意人在命格境界上會具有比較高的層次，可因暴發旺運的力量使財富及地位、權力相形增大。而『偏財運』通常是我們所稱的『火貪格』、『鈴貪格』之類暴發錢財上的一些運氣。在這個運氣中缺少了『權勢』的力量，或者是權勢的力量較薄弱，因此『偏財運』暴發出來的財富旺運規模是較小的，甚至是比不上『武貪格』的規模大小的。

『辰戌武貪格』是創造大企業集團領導人的DNA

我們可以看到很多古今中外的名商富賈皆是以『辰戌武貪格』起家的。最後事業擴大到政商合一，或者是政商交互運用的境界。這種現象有很明確的例子：清朝的胡雪巖。目前台灣的長榮海運的老闆張榮發。宏碁電腦的施振榮。鴻海集團的郭台銘、威京集團的沈慶京、台積電的老闆張忠謀等等。這種因暴發運格而造就億萬美金的事業在商界中比比皆是。在外國，有世界首富微軟公司的老闆比爾・蓋茲、英國維京集團的老闆布蘭森，以及世界第二富股神巴菲特等人。（在法雲居士新著《$1元起家能買空賣空的命格》一書中多有介紹）

有的大老闆很不希望別人提到他的『暴發運』。如此說來好是抹滅了他辛苦努力的汗水似的。但是我要說的是：『暴發運格』之所以會在這些事業成功的大老闆的命格中出現，也就是『暴發運格』造就了他們不屈不撓的性格，也同樣的造就了他們掌握生命中旺運的契機。

創造一個成功的企業集團，就好像建造一個國家一樣。只不過是這些大老闆把精力投注在屬於商業的範圍以內所塑造出來的企業王國。我們也可以看到儘管這些大老闆的外表氣質有所不同，但是他們卻有相同專業的敏感性，一種對成功的敏感性！因此也可以說這些成功的大老闆的身體中、頭腦中，都有相同的趨向成功的基因細胞。而這種基因細胞它真正的名字，就是『辰戌武貪格』暴發運了。

『丑未武貪格』是創造野心家的DNA

通常『丑未武貪格』所成就的商界大老板的人數是很少的，

驚爆偏財運

但是在很多中、小企業，獨資行號、商店老板的命格中較容易發現到『丑未武貪格』的人的存在。這主要是形成『丑未武貪格』這個格局的命盤人士有『紫微在巳』、『紫微在亥』命盤格式的人。而這兩個命盤格式中的坐命者，也都擁有不屈不撓的精神，很會衝刺打拼，但是為什麼衝不上另外那種大集團的商業格局呢？這主要是在其人的命盤格局中，空宮太多，弱運的年份太多，要每隔十二年才有一次『暴發運格』的衝刺能力的原故使然。

具有『丑未武貪格』的人，也常知道自己有好運，身賦異稟，每每想要創造驚世的功業，但是命理格局中有許多的空洞，以致壯志未酬，總有些抑鬱。不過怎麼說，他們也是奮發過的，也暴發過的。在這些人的心中也時常暗潮洶湧的擁有許多壯志、野心，因此要說『丑未武貪格』是創造野心家的DNA，是一點也不為過的了。

『火貪格』、『鈴貪格』是創造奇人異事的DNA

而『火貪格』、『鈴貪格』出現在商界中人士的命格中會更為明顯了！

『火貪格』、『鈴貪格』多半存在於普通的個人投資行為當中，這些人也會有成為大老板的機會，但是起起落落很明顯。有一、兩年聲名大噪，旋急便無聲無息，暴落的速度很快，有時只是短短數個月的時間，不會長過一年，你說速度快不快？

前兩年，有一位突然賺了大錢的仁兄，響應愛護動物運動，租了一幢十層大樓給貓狗住。從這位仁兄的外貌看來，他大概是『鈴貪格』的人，樣子有點怪。當時就有點為他及那些流浪貓犬擔心，不知可以住多久？後來再也沒有這位仁兄的消息了，『鈴貪格』、『火貪格』的人暴落的速度是和爆發的速度一樣快的。

『辰戌武貪格』還包含了另外兩種格局

在我談到『暴發運格』時，讀者會感覺到，好像我為什麼一直在推崇『辰戌武貪格』暴發運？而輕視了其他的暴發格、偏財運格。

在這裡我想提醒各位，在我的另一本書《好運隨你飆》中，對人生的命格有很詳細的分析。

『陽梁昌祿』格及『日月居旺』格局

各位還記不記得？一個命格高，在事業上能成大器的人，不但得具備良好的知識修養，也必須具備良好的運道。這也就是說：凡是一個成功的企業家，一定在命格中會具有『陽梁昌祿格』和『日月居旺』極順利的旺運作用。命格中若有『日月反背』的格局，就比別人多了兩年、甚至多了兩個大運年限不順（一個大運年限管十年）。倘若一個人的青壯年正在努力的年紀剛好遇到太陰陷落或太陽陷落的大運運程及小運運程（流年），這種不順利豈不是浪費了大好的青春，東衝西撞也撞不出個名堂了。

『陽梁昌祿』格，不但會造就成功企業家的智慧與知識（這是必備的才華）。同時在小時候能得到父母較好的照顧，培養良好的情操與人際關係。並且在『貴人運』上也多得提拔助益。

而『辰戌武貪格』暴發運的人，全都擁有了上述的特優好運，你想想看：一個不但擁有『武貪格』暴發運的人，又同時擁有『陽梁昌祿格』，再加上『日月共明』這樣的格局，好運、旺運全佔滿了，此人能不獨佔鰲頭，成為人上人嗎？

同樣的道理，若是具有『火貪格』、『鈴貪格』的人，又同時具有『陽梁昌祿』格，及『日月共明』格局的人，例如命盤格式是『紫微在午』、『紫微在酉』的人，也同樣會具有高等命格，成就非凡的現象。但在這兩個格局命格的人，卻不一定會走商業的路子，他們比較容易走公務員、官途的路子。

因此在商界名流富賈中，最常見的成功者還是以『辰戌武貪格』的人居多了。

第十三章 讀書人、公職及薪水階級所喜愛的暴發運

在這個單元裡我主要所談的是屬於文職人員的『偏財運』與『暴發運』了。

大家都知道，在一個人的命格中，若有『陽梁昌祿』格的人，是從小即能受到良好的照顧及教育，在讀書求學時期唸起書來比較容易讀得好，教育程度也會較高的人。

『陽梁昌祿格』是文職人員與讀書人必備的條件

『陽梁昌祿』格中的**『太陽』**，代表了旺運、權勢、地位。

『天梁』代表了貴人運，以及能享受到被照顧的福氣、好運。它同時也代表了另外一種增『貴』的權勢。**『文昌』代表智慧**、知識、精明度、數學上的計算能力、高文化水準的氣質、氣度與修養。**『祿星』代表財祿與人緣廣闊的關係**和良好、長遠的前程。

你想想看，無論任何一個人擁有了上述這種『陽梁昌祿』格的優點好運道，任憑誰都無法不成為龍中龍，鳳中鳳了呢？

可是『陽梁昌祿』格雖然好，它是須要時間去慢慢培養的，要培養一個『陽梁昌祿』格的高等人材到服務人群、服務國家，少說也要三十、四十年的時間。況且在人生行運的過程也會有起起落落，不可能完全沒有波折的。因此除了『陽梁昌祿』格，實際上最好還有另外一些好運道來助運，做人生功成名就的推進器，這才可能在人生的壯年時期即時趕上做一番轟轟烈烈的大事。

你可能會奇怪？讀書人既然須要『陽梁昌祿』格，那和暴發運又有什麼關係呢？

讀書人及公職人員的『暴發運』

『暴發運』是一種極度的旺運，它只會在某些特定的年份爆發，我從歷史的角度裡發現，在古代科舉制度下，許多金榜題名高中狀元、進士的讀書人中都是在是年爆發『暴發運』的人，正所謂『十年寒窗無人問，一朝成名天下知』！便是這種因暴發運而功成名就的寫照。

清代賽金花故事中的狀元洪鈞，以及編纂四庫全書的紀曉

嵐，這些以文人舉試進入朝綱，直接進入政治體系中佔據一方位置，也就是讀書人進入公職的路途。有時候也必須靠著『暴發運』、『偏財運』來做昇華推進的力量。才能成為空降部隊一般，佔據最精要的據點。

在現代也不乏這些例子，譬如台大教授陳師孟，從學者生涯突然跳入副市長的生涯，雖然時間很短促，但這也未嘗不是『暴發運』和『偏財運』，在那一段時間領域中，給他帶來的旺運現象。只不過在他的『暴發運格』中好像夾雜著太多的是非糾葛，因此『暴發運』享受不長。

在公職人員的身上發生『暴發運』、『偏財運』時，往往會有體制以外的特殊機會，讓人意想不到的降臨。使其人突然得到上司高層的榮寵眷顧，權勢地位平步青雲。這種現象在目前台灣的政壇、政府機關中是屢見不鮮的。

以前黃大洲先生在台北市長任內時，大家都公認他是公職中運氣最好的人。能得到李登輝總統的拔擢，成為官派最後一任台北市長。

事實上，我們從黃先生的命盤中也可以很明確的看出來，在他的命格中有四種很重要的格局，相互參差在其中。那就是『陽梁昌祿』格、『武貪』格、『機月同梁』格、『日月共明』。

黃先生是太陽、祿存坐命於巳宮居旺的人，正坐在『陽梁昌祿』格上，個性寬宏、不計較他人是非。而他的『陽梁昌祿』格又同時坐在『命、財、官』三合宮位上。自然有貴人會以很高格調、高品質的方式來幫助他賺錢。黃先生是『辰戌武貪格』的人，因有陀羅星在辰宮的關係，辰年的暴發運不如戌年來得強。

不過，天生具有這種強勢好運的命格的人，是不會寂寞的，在即將到來的辰、戌年仍會有一番大作為的。因為從命盤中可以看出在五十二歲至六十一歲大運中的龍年、狗年中，他還有一次屬於人生中最大一次的暴發運要產生。

黃大洲先生的命盤

2-11	12-21	22-31	32-41	
命宮 太陽 祿存 癸巳	父母宮 破軍 擎羊 甲午	福德宮 天機化權 鈴星 乙未	田宅宮 紫微 天府 地劫 天馬 丙申	
兄弟宮 武曲 左輔 陀羅 壬辰		陽男	官祿宮 太陰 天鉞 天刑 丁酉	42-51
夫妻宮 天同化祿 辛卯	水二局		僕移宮 貪狼 右弼 戊戌	52-61
子女宮 七殺 天空 庚寅	財帛宮 天梁 文昌化科 文曲 天姚 辛丑	疾厄宮 廉貞化忌 天相 庚子	遷移宮 巨門 火星 天魁 乙亥	

薪水階級所喜愛的暴發運

一般薪水階級的人聽到『暴發運』、『偏財運』這三個字，無不咋舌，或隱晦的微笑，認為這不可能的事。有了『暴發運』不是早都做了億萬富翁了，那裡還會做薪水階級呢？

但是你有沒有想過，那些爆發『偏財運』和『暴發運』而成為億萬富翁或大老板、大官的人，也都是在年青的時候從薪水階級做起，一步一步，一步一個運程的走過來的。因此你現在若是薪水階級的人，並不代表你沒有機會。趕快翻開你的紫微命盤找一找機會吧！

薪水階級的人，多半都是具有『機月同梁』格的人。倘若『機月同梁』格中的各星角度不好，或遇到煞星刑剋，則會做事斷斷續續，常常換工作、換老板，工作時期並不長久。這種人倘若也具有『暴發運格』或『偏財運格』，其格局多半會不完整或成為破格格局。因此我們常可看到一些工作做不長久，常常遊手好閒的人，每天很熱衷『偏財運、暴發運』。但是這些好運總是不會落在他們的頭上，讓他們空等一生，也就是這個道理了。

『偏財運』和『暴發運』只會落在辛苦努力工作的人身上

薪水階級的人也是最適合擁有『暴發運』和『偏財運』的了。薪水階級的人，一直在孜孜不倦的工作，培養自己的旺運時期，當『暴發運』和『偏財運』來臨時，你也會像威京小沈（沈慶京）一樣，在報關行待了短短的四個月，便一眼看出讓自己致富的門道，一腳便踏上了富貴的雲梯。

有『陽梁昌祿』格和『偏財運』、『暴發運』兼而有之的人，才可能成為超級大老闆

一般薪水階級的人普遍都是年紀尚輕，有些是剛出校門的人，在人生的歷程上尚屬於新生的階段，在社會大學中算是剛入門。這種社會新生若是命格中具有『陽梁昌祿』格的人，學習能力是快速而又強勢的。他們不但能看清楚自己該學習的方向與前途目標，並且能不斷的超越自己、超越別人。

很多人認為有『陽梁昌祿』格的人，運氣較好，有貴人相助，所以會成功。這當然也是實情。不過，最重要的，具有『陽梁昌祿』格的人，也同時具有精準的智慧，知道自己該學什麼，該有那方面的專業學識，並且在專業領域中也一定得超越別人，因為他們有這種意志力，所以再加上貴人和旺運，成功的機率自然成為必然的了。

『陽梁昌祿』格中也包括著另一種旺運。這是一種平和溫緩的旺運，速度慢，而且需要時間的堆積。倘若在行運間能再遇『暴發運』、『偏財運』的旺運爆發點，情況便不一樣了！這個人便像坐上了火箭推進器一般，在某幾個特定年份上，大階段的向前邁進，如此的運程急進法，是一般人所不能比擬的。

在一個演講會中，我看到一群學生正在向台積電的老闆張忠謀先生請教，如何才能成為像他今天這樣成功的老闆。

張忠謀先生答說：『要多充實自己。隨時隨地的充實自己，在自己的專業領域中要做的最好！要多思想……』

當你聽到這番話，你瞭解『要成為像張忠謀先生這樣做一個超級科技王國企業的主腦人』，到底是如何成功的呢？

你還是不知道！

你當然不知道啦！

這就是他天生命格中就具有『陽梁昌祿』格和『暴發運

格』、『偏財運』格的關係使然！也只有命格中有這種組合的人，才能確實的運用知識的智慧，即時抓住暴發旺運的機會，從自組小小的、幾個人的公司，搖身一變，成為世界上舉足輕重的科技王國。所以這一切都絕非偶然。你若想努力，就先從讀書開始吧！

紫微命格論健康
上、下冊

法雲居士⊙著

陰陽五行自古以來就是命理學和中國醫學的源頭及理論的重要依據。

命理學和中醫學運用陰陽五行做為一種歸類和推演的規律，運用生剋制化的功能，來達到醫治、看病、養生的效果。因此命理學和中醫學既是相通的，又是同出一源的。

上冊談的是每個命格在健康上所展現的現象。下冊談的是疾病因命格不同所產生的理論問題。

教您利用流年、流月、流日來看生理狀況和生病日。以及如何挑選看病、開刀，做重大治療的好時間與好方位，提供您保養身體與預防疾病的要訣。

紫微斗數自最能掌握時間要素的命理學。生命和時間有關，能把握時間效應，就能長壽。此書能教您如何保護生命資源，達到長壽之目的。

第十四章　特異人士所喜愛的暴發運

在這一節我將談到的特異人士的暴發運當中，所指的特異人士並不是有什麼特異功能的人士，而是在職業的身份上比較奇怪的人士。

異議人士的暴發運

譬如說在大陸六四事件中，逃亡海外的學運領袖—吾爾開希以及在未開放前投奔祖國，在六四事件中鬧得轟轟烈烈，愛情事件、誹聞與學運纏不清楚，最後由中共驅逐出境，將之放逐在小舢板上，偷渡回台的侯德健。這兩人都是有『暴發運格』的人，並且也是隨著『暴發運格』，而讓生命起舞的人。因此在做人處事上，其性格是倍受爭議的。

但是你也會發現，雖然『暴發運格』幫助他們成了國際知名的人士，而暴落的時間也非常的快速。侯德健是『辰戌武貪格』的人，因此他享受的物質榮光比較多一點，稍久一點。而吾爾開希是『丑未武貪格』的人，他目前在台灣經商，要等到下一個爆發年，恐怕要等到羊年（未年）的時候了。

宗教人士的暴發運

也許在大家的觀念中，宗教人士，特別是『出家人』，都是六根清靜，不容雜塵沾染的境界人士。但是你有沒有想過？『暴發運格』是根本不會摒棄任何人類，它才是真正萬眾平等的。只要你的時間生的好，不管你是和尚、尼姑，亦或是清潔掃地的傭僕之輩，一樣可得到屬於你的『偏財運』及『暴發運格』。因此暴發運格是不論貴賤，不論親疏、前後。它是一種大公無私的旺運。

既然如此，我們就來談一談，具有『丑未武貪格』的星雲法師的命理格局吧！

星雲法師是紫殺坐命的人（紫殺坐命者很多為寺廟住持），其人在命理格局中『命、財、官』三合宮位中逢煞星有七個之多。而財帛宮正坐『武貪格』。但有地劫同宮與擎羊相照成為『破格』的因素。但一樣是會暴發的，只不過在暴發前後會帶有血光、小災而已。

星雲法師是出家人，在『命、財、官』三合宮位上有天空、地劫，將其人一生的志業運途，帶入空門之中。可是即便是做空門志業，具有『武貪格』的人，一樣會處處把握旺運，創造一個空前絕後的佛教王國。據一九九八年之新聞中顯示，佛光山及其全世界的資產共計有一百三十多億美金，現已超過三、四百億美金了。這麼龐大的一個數字，若完全是靠信徒捐獻而成的，那台灣的老百姓（捐款人）真正是非常有錢了。但是你也不可抹滅了星雲法師在資產上的經營之道。這是『武貪格』的人，全都具備的良好經營才能。

宗教人士若有了『偏財運格』、『暴發運格』，可經由旺運把宗教振興，多招眾募，信徒增多，廟產豐富。近來台灣參與寺廟委員會，搶奪寺廟經營權的事情時有耳聞。例如立法委員顏清標就是天后宮的董事長。倘若你所參與的寺廟是非多，香火又不盛，那趕快商量商量，換一位具有『暴發運格』的住持吧！他一定會有更多的點子重振『神』威的！

星雲法師　命盤

命宮 紫微、七殺、右弼、陀羅、天馬 6－15　乙巳	父母宮 祿存、文曲、天姚 丙午	福德宮 擎羊 丁未	田宅宮 文昌、台輔 戊申
兄弟宮 天機、天梁、封誥、陰煞 16－25　甲辰	火六局	陰男	官祿宮 廉貞、破軍、天空、左輔、天鉞 86－95　己酉
夫妻宮 天相 26－35　癸卯			僕役宮 76－85　庚戌
子女宮 太陽、巨門化忌、天刑 36－45　壬寅	財帛宮 武曲、貪狼、地劫 46－55　癸丑	疾厄宮 天同化權、太陰化祿、鈴星 56－65　壬子	遷移宮 天府、火星、天魁 66－75　辛亥

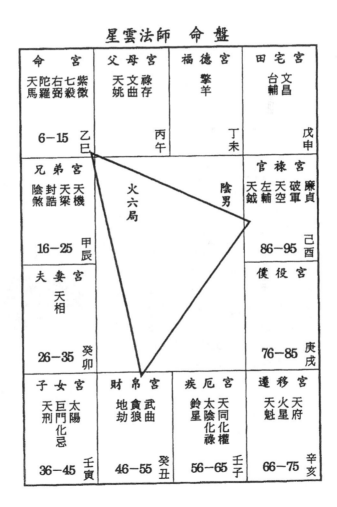

第十五章　如何利用『運命周期』算出偏財運的大運時間

在我多次談論『人生中，一生只有一次最大的偏財旺運』時，很多人會很驚訝！又帶有懷疑的態度。他們總是說：『不會呀！我常常都有偏財運呀！』

請注意！我說的是『人生最大的一次偏財運』！這種『偏財運』、『暴發運』，一生只有一次最大的機會！

非常有趣的是，在我命相生涯所遇到的人當中，常以為自己有暴發運而又時時在等待暴發運的人，根據我的統計，而以『丑未武貪格』和『火貪格』的人最多。並且他們總以為還有一次人生最大的偏財運或暴發運在等待著他。

事實上『暴發運』與『偏財運』的強弱，要從命理格局上的組合型式來分等級，並且，也不能受到羊陀、化忌、劫空、煞星等的刑剋迫害。『暴發運格』、『偏財運格』的三合四方宮位必須清正，才會產生強大的爆發力量。而『丑未武貪格』的人，要十二年才等到『正統』一點的『暴發運』（偏財運），（因對宮為空宮關係），因此它的偏財運（暴發運）都不能算是暴發力最大、最好的。

況且在人生中，幼年、青年、壯年、老年幾個時期中，人生的運氣時有起伏。日子有日運（流日運氣）、月有月運（流月運氣），年有年運（流年運氣），大限中有大運。每一種時間上所逢到的運氣都有不同。

倘若你是個有心的人，你就可以把自己每日的運氣（流日運氣）**做一個運氣圖**。把每個月的流月運氣做一個流月運氣圖。把每一個流年的運氣再做一個流年運氣圖。

再將這些運氣圖中的曲線，相交起來（此圖很像股票起落的分析均線圖）。你就會發現：在這一年中，那一天是最高旺運時刻，也同時會發現那一天是最低、衰運時刻了。

另外，再以年份來做比較。把每個年份的最高旺運時刻，用刻度的方式標在以『子、丑、寅、卯……亥』為一橫線上。當然就會立即顯現出有暴發運、偏財運的年份、月份、日份是最高旺運時期了。

可是，你會想到：我現在才三、四十歲，我怎麼能知道自己一生最大的偏財運是在何時呢？它也許已經過了！它也許還沒到啊？

現在我就要告訴你一個『如何利用運命周期表來算出偏財運的大運時間的方法』。

算大運的方法

通常我們算大運有許多方法，有的人用八字的方法，陽男陰女、陰男陽女用月柱來順推、逆推，這須要技巧很麻煩，並且不一定精準。

其實在你的紫微命盤完成時，大運年限多半已經標出來了。你只要找到屬於『暴發格』、『偏財格』的組合便能知道在那一個大運年限中是屬於『暴發運年限』或者是『偏財運年限』了。

例如『辰戌武貪格』的人，就會在行運到『辰』宮或『戌』宮的兩個大運年限是『暴發運年限』，亦稱『偏財運年限』，那也勢必會在這兩個大運年限中爆發一生中最大的一次偏財運。

而在此處你又產生疑問了？不是說：一生只有一次最大的偏財運時間嗎？為什麼你提供

了兩個大運時間呢?到底那一個才是真正的偏財運時間呢?

我們通常都很清楚，人在嬰幼兒時期是無法自我照顧的，一定要靠父母家庭的養育而成人。而武曲坐命的人，貪狼坐命的人，或是武貪坐命的人，在他們第一個大運時期，也是沒法子爆發『偏財運』的，一定要年紀稍大，並且要有工作及賺錢能力才可能暴發偏財運的。也因此，武曲坐命、貪狼坐命、武貪坐命的人都會浪費掉第一個爆發偏財運的大運機會。而這些人便只能在人生中另尋與命宮相對照的那一組『暴發運大運運限』了。

一生有兩次『偏財運』時間的人

有的人也會因為活得老一點，生命較長久，一生中可享有兩次的暴發運大運的機會，但前後會有六十年之久的相隔，此機會純屬不易。並且也不能奢望那最後的一次，就是最大的一次偏財運機會。

『偏財運』與大運同時結束的人

在命理上還有一個現象。那就是往往在人一生中最旺的大運時刻結束時，某些人同時也是生命結束的時刻。因此，倘若此人的『偏財運』或『暴發運』走在其人一生中最旺大運的末端，隨即生命也告結束，這種偏財運與暴發運便不成意義了。但是這種現象卻存在於許多人的命格之中。例如清代名將左宗棠在暴發運起時，西征回疆，聖眷正隆，官至極品。但是大運接近尾聲時，便是生命結束的時刻。

在一九九八年的都會新聞中，西洋星相家陳靖怡小姐在丑年行偏財運（丑未武貪格）、暴發運而聲名大噪。大運尾端即遭男友殺死，結束了生命，這也是一生只有一次最大暴發運、偏財運的應證。

什麼是『運命周期表』

『運命周期表』就是利用某些方法來預測：在人一生的運程裡會有那些時期是容易發生重大轉變事件或爆發事故的時間，而這些時間會形成一種固定的、規則性的波動。因此我們稱它為『運命周期表』。

目前我們要談的『運命周期表』有兩種。一種是每一個自身的紫微斗數的命盤。另一種則是從中國古老命相法中演變出來，而為英國占星學者基洛所運用來占測一般人命運的方法。此方法稱為『基洛氏命運周期法』。

基洛式命運周期法

基洛式命運周期法，因是英國基洛氏(CHEIRO)從中國命相法中演變出來的，故以西曆為主。將人的出生日期分成九個系數。從『1』到『9』的系數。

例如：一日生的人，系數是『1』，十日生的人，系數也為『1』。十九日生的人，系數為『1』+『9』等於『10』，而其系數又為『1』。十四日生的人，系數為『1』+『4』等於『5』，系數為『5』。……以此類推。

依據生日推算的系數表

系數	1	2	3	4	5	6	7	8	9
出生日期	1 10 19 28	2 11 20 29	3 12 21 30	4 13 22 31	5 14 23	6 15 24	7 16 25	8 17 26	9 18 27

運命周期表

運命周期表									
系數	1	2	3	4	5	6	7	8	9
容易發生事故或起運的年齡【以足歲算】	7 10 16 19 24 28 34 37 43 46 52 55 61 70	7 11 16 20 23 25 29 34 38 47 52 56 62 70	3 12 21 30 39 48 57 63 66 75 84 93	4 10 13 19 22 28 31 37 40 46 49 55 58 64 67 73	5 14 23 32 41 50 59 68 77	6 15 24 28 33 39 42 51 60 69 78 87	2 7 11 16 20 25 29 34 38 43 47 52 56 61 65 70 74 79	8 17 26 35 44 53 62 71 80	9 18 24 27 36 45 54 63 72 81
高度準確率的月份	1 7 8	1 7 8	2 12	1 7 8	6 9	1 5 10	1 7 8	1 2 7 8	4 10 11

『運命周期表』是可以從其中找出你在生命中所經歷過的事故年齡。也可以預估未來將經歷的事故年齡。你可以用應證的方式來證明此周期表的準確度。

通常我們由《系數表》找到屬於自己的生日系數，再由『運命周期表』中找出自己會發生事故的年齡。再將自己每一次所逢之『暴發運』年齡與之相比對，你會很驚訝的發現，很多次的暴發運年齡都會出現在事故年齡之上。

譬如說：郝柏村先生是生日系數為7的人，在運命周期表上就顯示出來在七十歲時為驚爆年齡，那一年，因『暴發運格』的展現，為李登輝總統延攬組閣，為行政院長。

張榮發先生的生日系數是6。在『運命周期表』上與他的『偏財運』爆發的年齡相同的有很多。而六十歲更是他的『偏財運大運』高潮點。那一年他協助李登輝總統穩定政權，並且將事業從海上推上了天空，創立了長榮航空，成為陸海空航業界的一代霸主。

第十六章　那一年是爆發『偏財運』和『暴發運』最多的年份

我們從報章雜誌上常常看到有人中大獎了。好像每一年都有，每一年都有大獎開出，每一年也有得主領獎，但是到底是那一年是得獎最多，又最容易中獎的年份呢？

第一、中獎的機會多，並不代表中獎的金額大。

第二、金額大的獎，機會很少又小。

第三、『暴發運』中有大部份是暴發在事業上的成就，有些大到無法以金錢的數額來估計。

由此看來這個問題有點難。

但是也並不難，我們可以把直接暴發錢財的歸之為『偏財運』，把暴發在事業而發富的，歸之為『暴發運』，如此來談，便可一窺端倪了。

以『暴發運』而致富的，首推『辰戌武貪』格，也就是在辰年（龍年）、戌年（狗年）所爆發的『暴發運』。次推『丑未武貪格』，也就是在丑年（牛年）、未年（羊年）所爆發的『暴發運』。

因『丑未武貪格』在命盤格局中有對宮為空宮的煩惱，因此最強的暴發運，不是集中在丑年，便是集中在未年。其實要認真的說起來，他們應該是十二年才真正的爆發一次。

而『辰戌武貪格』的人，在辰年、戌年都會爆發，情勢比『丑未武貪』格的人好的多，又強勢的多。

辰年是暴發錢財與事業最大旺運年份

另外我在很多『辰戌武貪格』的大老闆命程中發現，『辰年』的暴發運比『戌年』的暴發運更能將其帶入較高的人生境界。因此也可以說『辰年』是製造超級老闆、超級富翁的真正具有『暴發運』最多最強的年份。

這個理論可以從追溯以前西元一九七六年（民國六十五年）丙辰年，台灣經濟起飛，西元一九八八年（民國七十七年）戊辰年，台灣出現許多世界級的超級企業，來得到證明。

另外，我們從命盤格局的結構中，也可以看出個中原尾。

『辰戌武貪』格的兩個命盤格局

紫微在申

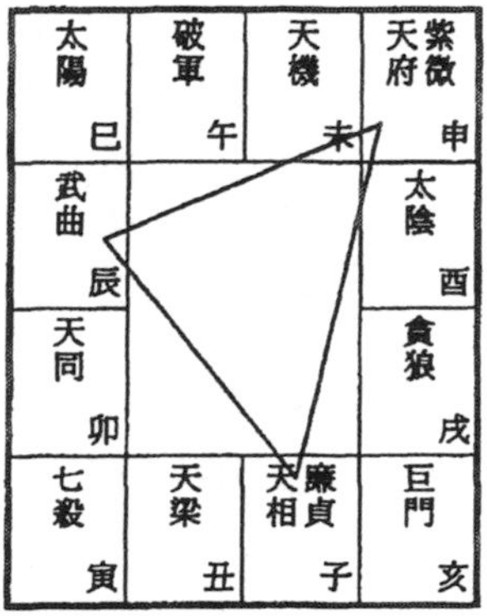

紫微在寅

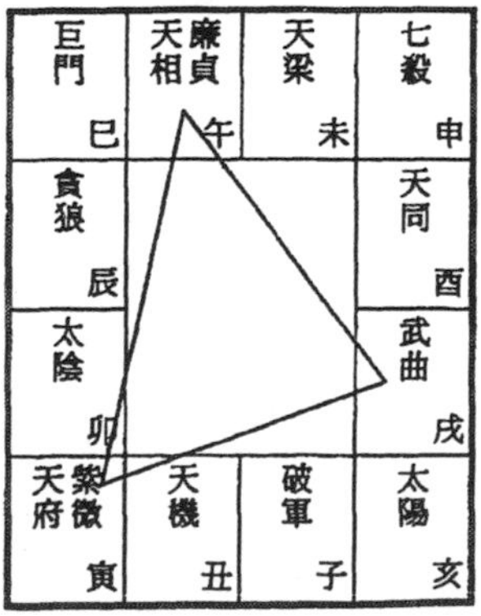

在『辰戌武貪格』，辰年會大發的原因

我們在此處說：『辰戌武貪格』中，辰年會大發的人，所指的是『紫微在申』命盤格局的人。

各位請看『紫微在申』命盤格式圖，圖中有兩個三合宮位中的星曜，如（寅、午、戌一組）、（亥、卯、未一組）都會有煞星存在，或者是主星陷落的問題。而（巳、酉、丑）一組三合宮位中的星曜，太陽、天梁以主貴為主。而申、子、辰一組星曜有紫微、天府、廉貞、天相、武曲等星是財星、庫星、帝王星、福星全都聚集的一組組合，而申、子、辰年也是『辰戌武貪』格的人事業最發達、順利、旺氣最強的年份。而辰年又坐在『武貪』格暴發運上，自然能成為暴發財富最多的年份了。

而『紫微在寅』命盤格局的人，在寅、午、戌年也可形成很好的三合照守，在戌年亦能爆發很大的暴發運及財運。但是因在亥年很快的進入太陽陷落的運程，『暴落』的速度太快，以至於才爆發，還沒來得及享用，便已開始暴落，因此其爆發威力是受到打擊而無法持久的。『紫微在申』命盤格式中，辰年爆發後，巳年所走的太陽運程是居旺的，因此運程得以持續居旺。這一個緩衝點非常重要，這也是造就『辰戌武貪』格的人，能在辰年發運後繼續成功的主因。

另外我要討論的是：在這些以『辰年』為主而爆發的人之中，其命格上也多半以『水』為財，八字用神以『金水』為主，因此申、子、辰年便是一個關鍵性的旺運年份（申、子、辰為水局）。

還有：『紫微在寅』命盤格式中的武曲星居戌宮，戌宮是火土宮，對五行屬金的武曲星有刑剋，火剋金。因此在戌宮的武曲，其能生成的財力是不如辰宮的武曲星的，其能爆發的錢財也沒辰宮的武曲星多。

子午火（鈴）貪格在馬年會爆發大財運

『偏財運』格，以金錢致富的，首推『子午火貪格』、『子午鈴貪格』為偏財運最旺的格局。也就是在子年（鼠年）、午年（馬年）爆發財運的情形。這其中又以午年（馬年）是爆發『偏財運』最多人數，以及爆發財運數值最大的年份。這完全是因為火星、鈴星、貪狼在午宮全都居旺的緣故。

倘若一個人，他的命盤格局中，是火星在午宮所形成的『火貪』格，貪狼在子宮，而且八字用神又屬『木火』的話，此人也可以在午年爆發極大的『偏財運』。

但是若以『偏財運』爆發的總人數來計算，尤其在台灣地區，午年（馬年）還是一個比較容易中獎，而且中獎金額會較大的年份。

其他的年份當然也有很多人會暴發偏財運，就連偏財運最低落的亥年也會有人中獎發財，每一個年份都會因火星、鈴星、貪狼所形成的角度為一百八十度時，而形成偏財運。但是在總括『偏財運』的爆發機率與爆發威力來說，當然還是以午年（馬年）的機率大、威力也大了。

好運跟你跑

法雲居士⊙著

在人一生當中，『時間』是個十分關鍵的重點機緣。每一件事情，常因『時間』的十字標、接合點不同而有不同吉凶的轉變。

當年『草船借箭』的事跡，是因為有『孔明會借東風』的智慧而形成的。在今時、今日現代科技的社會裡，會借東風的智慧已經獲得剖析，你我都可成為能掌握玄機的智者。

法雲居士再次利用紫微命理，為您解開每種時間上的玄機之妙。『好運跟你跑』的全新增訂版，就是這麼一本為您展開人生全新一頁，掌握人生中每一種好運關鍵時刻的一本書。

第十七章 『偏財運』和『暴發運』難道沒有弊害嗎？

講了這麼多『偏財運』和『暴發運』的好處，彷彿人類沒有『偏財運』和『暴發運』，人生就會失去了意義，就會變得沒有出息了似的。

其實也不盡然，本身沒有『偏財運』和『暴發運』的人，都是以『正財』為主的人。其人一生的財富必須靠儲蓄，漸漸累積而成。真正沒有『偏財運』和『暴發運』的人，才會摒棄妄想，腳踏實地的去工作、去處世。才是真正一步一腳印的努力前程的人。以前我就曾舉例，前台灣首富蔡萬霖就沒有『偏財運』。而且從命盤格局上看來，也不是命格很高的人。那他為什麼這麼有錢？因為他有良好的官祿宮與僕役宮，有人幫他賺錢。他本身又是天府財庫星坐命的人，因此有錢，這是命理格局的問題。

談到這裡，有些人會問我：『暴發運格』、『偏財運格』的人都是性格強悍、思想、行為都快速的人，難道他們不會利用『暴發運』或『偏財運』去為非做歹嗎？

『武貪格』的人在金錢、事業上膽大包天

數年前，有一位女士找我算命，她是紫殺坐命亥宮的人，屬於『丑未武貪格』的暴發運格。

她本來是一位教師，來找我時，已欠下二千多萬元做自助會所造成的債務。錢都賠在股票之中了。當時因為在民國八十年走

『武貪運』爆發時，關係良好，自組了傳銷公司，名聲響亮，也賺了一些錢。因此藝高人膽大，想要做更大的發展。於是自組自助會，會員遍及菜市場的小販，在高雄一帶頗富盛名。但是她沒想到『暴發運』有暴起暴落的特質。把錢放在股市當中，暴落得更快。因此最後只好宣佈倒會，公司也結束了。債主天天上門。紫殺坐命的人都會有一個好老公，此時也快崩潰了。她希望我能幫她算出再一次的『偏財運』。好來解救她的災難。

『偏財運』和『暴發運』都是專屬於個人的運氣。沒有任何人可以幫別人製造或仿冒一個『偏財運』的。因此我只能幫她看看何時財運會變好，以及下一次的『偏財運』時間罷了。

這位女士的偏財運格為『丑未武貪格』。武曲、貪狼在未宮，因此未年『暴發運』較大。丑年的暴發運較薄弱，因為是空宮相照的原因。丑年這種微弱的偏財運是不能讓她滿意的。因此我常說『丑未武貪格』，實際上真正是十二年才爆發一次『偏財運』是一點也不假的了。

『丑未武貪格』的人容易因財務糾紛而自裁

記得在一九九五年（乙亥年）時，有一位推出大型房地產歐士堡生活廣場的老板，在美國自宅槍殺妻子、母親再自裁，新聞震驚全台。這位老板就是廉破坐命的人，屬於『丑未武貪格』。他在暴發運來臨時，生意做的既旺且大。及至暴落時期，財務周轉不靈，便以強烈的手段自裁了。這些狀況也都是因『暴發運』格在人的性格上與人生運程上所造成的冥頑不靈與自傲型的變態。

※在此奉勸具有『丑未武貪格』的人，雖然你們具有『偏財運格』及『暴發運格』。但是你們不可因此志得意滿，以為自己時時有好運，隨時有暴發的機會。要知道你們的『暴發運』要

隔十二年才爆發一次。而在暴發後的一年、兩年之內就有『暴落』的可能。過度的膨脹，會暴落得更快。暴發後要把財富、房地產等放在可靠人士的名下，以保『暴落』時，不會賠掉。做好防禦措施，才是具有暴發運格的人真正的智慧。

『辰戌武貪格』的人事業常有危機

另外，我要再次提及瑞聯集團的跳票事件。瑞聯集團的老板周啟瑞先生是『辰戌武貪格』的人。他在民國七十七年暴發後，事業集團成長神速，這是『武貪格』的人一向膽氣十足的表現。所幸的是：『辰戌武貪格』一向運氣較好。它是在辰年與戌年都會爆發的，前後每隔六年爆發一次。因此前運接後運，中間雖有『暴落』的年份，但很快的被下一個『暴發運』的旺運又推上另一個高潮點，因此『暴落』的狀況並不十分嚴重。所以這次的跳票事件只要處理得好，瑞聯集團便可渡過難關，靜候辰年『暴發運』的降臨，再開展另一個高峰。不過，人的大運也是會移轉的，如果大運走到弱運，就不會再有強的『暴發運』來幫忙了。

『火貪格』、『鈴貪格』多異路顯達

『火貪格』、『鈴貪格』這種偏財運格，通常在人的一生運程中會突顯出來在某一個年份會出現特別的事件。

子午火（鈴）貪格

在『火貪格』、『鈴貪格』之中，『子午火貪格』及『子午鈴貪格』是比較以正派爆發的方式，來讓人得到賺錢的機會和名聲、地位、權力等的利益。這大概和在『子午火（鈴）貪格』中，必會與紫微星同宮或相照有關吧！

尤其在『子午火（鈴）貪格』的人，多半會具有『陽梁昌祿格』，這也是其人在走正路的路途上較不會左顧右盼的原因。他們的一生運程只會起起伏伏，縱然其人命宮中，有較多的煞星存在，因為整體命格的組成形式，要成為大奸大惡之徒，其實並不是容易的事。

寅申火（鈴）貪格

『寅申火（鈴）貪格』是『火貪格』、『鈴貪格』中最容易有異途顯達機會的人。因為在這一組『火貪格』和『鈴貪格』之中，會有『廉貞』這顆星與火星、鈴星在同宮或相照的位置。

『廉貞』主掌計謀、策劃與實行。在『火貪格』、『鈴貪格』中有策動及促發的功能。許多策立軍功的將領，都會運用這個『寅申火（鈴）貪格』，創造自身的奇蹟。

『寅申火（鈴）貪格』具有爭鬥、血光、是非、暗算、陰險等等的特質內含，因此非常適合軍警人員、情報員的『暴發運』格。另外，我們在一些大哥級的黑道人士身上也可看到此種『暴發運』格。這些『暴發格』因為有了凶狠、怪異的特質，因此把一些原本是默默無聞的人，帶進了『江湖』領域。這也不知道是『暴發運格』造就了他們，還是由於『暴發運格』的智慧，讓他們看到、找到了另外一片天空？

巳亥火（鈴）貪格

『巳亥火（鈴）廉貪格』是異途顯達，製造匪類最多的暴發格局了。

我這麼說，很多具有此格又沒有作奸犯科的人，會非常氣憤不平。

但是會有很多很強的例子來證明此話不假。你要翻閱前面（張作霖的命盤）格局，你就會發現，他就是『巳亥鈴廉貪格』

的擁有者。而張作霖本身以盜匪、鬍子起家。最後貴為『東北之虎』，連日本人都怕他三分，雄霸一方，這就是異途顯達的實例。

通常在『火（鈴）貪格』中，人數最多的是就『巳亥火（鈴）貪廉格』了。可是這一組『暴發運格』、『偏財運格』是最奇怪的運格了，為什麼呢？

在此格中廉貞、貪狼在巳、亥宮是居陷位的。並且廉貪的本質就帶有人緣欠佳、邪桃花、策劃能力不足、思想偏頗、運氣蹇蹙不佳等等的問題。我們尤其可以發現廉貪坐命的人做文職的人會賺錢不多。又有些人通常都是吃喝打混，若不從事軍警職，也多半流入黑道邪路當中。若此人再有『火貪格』或『鈴貪格』，其狀況嚴重，因惡勢力爆發自己的旺運，而帶給社會上其他人的煩惱，恐怕就不是三言兩語可以說盡的了。

例㈠：

我們現在看看下面這個範例。這位小姐是文曲坐命的人，同時也是『鈴廉貪格』的擁有者。廉貞、貪狼化祿、鈴星、祿存相照命宮。其實其人在性格上也有『鈴廉貪』的特質。此人是保險業的從業員，其遷移宮中有『鈴廉貪』，一生常因男女關係、色情之事而暴發。同時『夫、遷、福』這一組三合宮位中尚有火星來會，可見其暴發力是非常強的。但是在午宮（流年暴發運的次一年）便出現巨門、擎羊、地劫等星，且有化忌來照會，隨即呈現很凶的『羊劫暗忌』（巨門是暗星、擎羊是羊刃）的暴落運程。不管她的錢財是怎麼得來的，終究是留不住。而且馬年要小心有生命血光之虞。而且此人的『暴發格』所塑造的人生，始終是低等的、娼妓型的人生。這也就是層次不高的『暴發格』所帶給人的弊害了。

陳小姐命盤

<table>
<tr>
<td>遷移宮
廉貞化祿
貪狼
祿存
鈴星
天姚
臨官
劫煞
丁巳</td>
<td>疾厄宮
巨門
擎羊
右弼化科
地劫
戊午</td>
<td>財帛宮
天相
天鉞
紅鸞
寡宿
己未</td>
<td>子女宮
天同
天梁
左輔
天馬
庚申</td>
</tr>
<tr>
<td>僕役宮
太陰化權
陀羅
天空
蜚廉
白虎
丙辰</td>
<td colspan="2" rowspan="2">陽女
水二局</td>
<td>夫妻宮
武曲
七殺
火星
咸池
辛酉</td>
</tr>
<tr>
<td>官祿宮
天府
文昌
乙卯</td>
<td>兄弟宮
太陽
喜神
壬戌</td>
</tr>
<tr>
<td>田宅宮
旬空
小耗
甲寅</td>
<td>福德宮
紫微
破軍
台輔
天刑
天魁
天喜
〈身宮〉
乙丑</td>
<td>父母宮
天機化忌
解神
甲子</td>
<td>命宮
文曲
癸亥</td>
</tr>
</table>

例(二)：

在白曉燕綁票案中的歹徒，在警察圍捕過程中喪命的林春生，他雖然不是正式的『火廉貪格』，但是他在『命、財、官』三合宮位中是形成相照型的『火廉貪』格局的人，在流月中也是會有稍許的『暴發運』、『偏財運』產生的。而這個『火廉貪格』的暴發運卻讓他起了歹念來發財，做下令人髮指的綁票撕票案，形成『暴發運格』所造成的重大弊害。

所以說，歹徒要是利用了自身的『暴發格』為非做歹，這是非常恐怖的事，不但無益於自身的家庭，使其蒙羞，也殘害了平常老百姓的安居生活，對眾人都不利。

林春生 命盤

遷移宮 陀羅 巳	疾厄宮 天機 祿存 午	財帛宮 紫微 破軍 火星 擎羊 未	子女宮 鈴星 天鉞 天姚 36－45 申
僕役宮 太陽 天刑 戊辰	民國48年9月14日 火六局		夫妻宮 天府 地劫 26－35 酉
官錄宮 武曲化祿 七殺 右弼 卯			兄弟宮 太陰 16－25 戌
田宅宮 天同 天梁化科 文曲化忌 寅	福德宮 天相 天空 丁丑	父母宮 巨門 天魁 文昌 子	命宮 廉貞 貪狼化權 左輔 天馬 6－15 亥

在會形成比較『邪惡』的『暴發運格』及『偏財運格』裡，『寅申廉火（鈴）貪格』和『巳亥火（鈴）廉貪』格都是雀屏中選的格局。這並不能說在其他的『暴發格』格局中的人，全都沒有壞人，決不會坑矇拐騙。當其人命格中，以及三方四會的煞星多的時候，也免不了會出現惡徒。只不過，在命理格局上，這兩種『暴發格』因為有廉貞、貪狼的關係，在酒、色、財、氣的爭奪上比較明顯罷了。再加上巳、亥宮的廉貞、貪狼又居陷落時，處於煞星的位置，而不能趨善為福了。

『卯酉火（鈴）貪格』

『卯酉火（鈴）貪格』其實是『卯酉火（鈴）紫貪格』，在卯、酉宮的暴發宮位中多了紫微星這顆吉星、帝王福星。因此凡是具有此種『暴發格』或『偏財運』格的人，在人生中所追求的暴發運多半不外乎權位、官職和金錢類的旺運。而且是以升官和發些小財，創造與高層人士結交（附貴）的一種『暴發運』。在這種情況下，此命格的人，若想做一些作奸犯科的事，也必在這個範圍中去從事。除非其人命格中煞星太多，成為惡煞，否則以『卯酉火（鈴）紫貪格』的『暴發格』中很容易帶有『陽梁昌祿』格的狀況來看。在此格中的人士，同時具有『暴發運』與『陽梁昌祿』格兩種旺運，想要不走富貴的路途也是難了。

我們再從前面的張學良命盤中也可看出：張學良是武破坐命巳宮的人，其『卯酉火貪格』是在夫妻宮與官祿宮這一組相照的星曜中。在事業上大起大落。官祿宮是紫貪、祿存，必定以軍職起家，他也具有『陽梁昌祿』格，因此曾到德國留學，本人詩詞皆通，在軍閥中算是有學問的人了。

因此我們從『卯酉火（鈴）紫貪格』中可以確定的是：具有這種『暴發格』的人，就是在軍警職中也會是具有文學氣質、溫文儒雅的人。在一般人當中若具有此『暴發格』的人當然也不在話下的同樣會具有文質彬彬的外表。就算要做惡人，其惡也一定是譁眾取寵，頻做人際關係的交流之類的不法之事了。

第十八章　如何繼續維持『偏財運』的旺運時間

每一個人都非常的明瞭：人生的運氣是有起有落的。大家也會明瞭運氣有循環升降的功能。

但是，往往有某些人在得到偏財運之後，就變得驕傲、固執、自以為了不起、無法無天、瞧不起別人、出言不遜、狂妄無禮、譏諷打擊別人。每當我看到這種人的時候，是覺得非常好笑的。並且也可立即斷定此人的好日子不多了！為什麼呢？

從命理學方面的解釋是：任何的財運都是屬於財星與祿星

（化祿與祿存）的範圍之內。財星與祿星不但會帶給人錢財，也會帶給人一些人緣桃花（財星與祿星都帶有人緣桃花的成份，在我的另一本書『如何掌握你的桃花運』中，曾闡明財星與祿星的桃花成份）。

在正常的情形下，一個人能享受到財運，便會帶有一定程度的人緣桃花，形成『富而有禮』的人生態度。做人處事圓融、合情合理。

相對的，一個人爆發了財運，大量的財祿與人緣桃花勢必降臨其人的身上，這個人應當會得到大家的喜愛，而左右逢源。

倘若此人在爆發偏財運之後，待人處世的態度變了，變得驕傲固執，或者是尖酸刻薄之類的人。我們就可很輕易的知道：此人是承受不起偏財運的人。並且，此人的偏財運也只是極小規模的格式，發不了大財的了。

人必須有『可承受之財』

十多年前，有位朋友的同班同學，大學畢業後在鄉下教書，到台北時，常到我家中往來。

有一年，其父過逝，隨即分家產，這位朋友分得三百萬元，這在當時是一筆不小的數目。

這位朋友自小跟隨父母生活，一直很清寒，不知道家中還有這許多財產。自從分得三百萬之後，精神就不正常，與奮過度。因此，我常覺得，人有『可承受之財』和『不可承受之財』之分。

『可承受之財』是一個人可以安然理得，平心靜氣、理所當然所享用之財。就像我們用自己勞力血汗所賺來的錢財，自己花得也很痛快的這個道理一樣。

『不可承受之財』是一種縱使有這份財放在那邊，你也沒辦

◎驚爆偏財運

法花到錢財。為什麼沒辦法花到呢？原因很多。第一、可能這些財原本並不屬於你的。第二、也可能你命中財不多，無法承受這大筆的金額。第三、時間的問題。有時候『偏財運』太早來到，你本身還在襁褓時期，無法接財所致。有時候也會因大運已至尾端，生命告終而無法承受『財』。

因此，在全世界三分之一具有『偏財運』的人當中，尚且要扣掉格局有破格、不完整，或是有其他惡格來剋制『偏財運』，以及命格中承受偏財運的力量不足的人。所餘之『偏財運格』真正很清正、爆發力與承受力都強，前運與後運相互扶助等等的一流旺運的『偏財運格』，真是實屬不易了。

既然如此，倘若你就是那個萬中選一的『偏財運』格的人，現在我就要和你談談：如何繼續維持『偏財運』的方法，和如何增長其旺運時間？

如何維持『偏財運』的旺運時間

大家都知道『偏財運』、『暴發運』所爆發時在時間上，只是一個『點』的問題，這就是『大運』、『流年』、『流月』、『流日』、『流時』中有三個點，交叉相會，合在一起時，便會爆發『偏財運』和『暴發運』。而五個上述時間的因素，全都聚在一起時，則是人生中一生最大的偏財運或暴發運爆發的時間。由此我們更可清楚的明瞭『偏財運』和『暴發運』的爆發時間，只是短暫的幾個『點狀』的時間罷了。要把這種點狀的爆發時間延長，變成帶狀，成為天天都爆發偏財運，每一個『小時』都在爆發偏財運、旺運，這實在是不可能的事情。也沒有那麼多的好運來給你發。但是我們若在偏財運程爆發之後，能即時想到維持旺運的問題，使『暴落』的速度不會太快，這種智慧，實則也不是會有很多人所能擁有的。通常，人都隨著運程起起落落，窮的時候、苦的時候就挨苦、挨窮。突然暴發偏財運，得到一筆錢，便痛快的花掉。沒有錢時再去求神拜佛，求上蒼再賜與偏財運。有暴發運的人也是一樣，有的人，突然時來運轉有機會升了官、發了財，地位增高，權勢大好，可是過幾年又打回原形。這種隨著運程起落的人，是很難擁有較高成就的人生的。『暴發運』、『偏財運』對於在他們人生中的地位是一種屬於偶然落入的現象。因此他們只是偶然得到偏財運和暴發運罷了。

規劃及掌握『偏財運』、『暴發運』的時間，是延長旺運的第一個大方法

另外一種人，他們對自己的人生經歷，常常會去剖析。對於自己人生的運程的律動很熟悉、很清楚，並且也能很有效的掌握旺運中起落的時間性。這也就是說，這一種人把『偏財運』和

『暴發運』所爆發的時間因素，變成了自己人生運程中必然發生的事情。如此一來，每個爆發的時間，實則已得到了規劃，每一個爆發點也得到很確實的利用，你說！這個人是不是比別人多得了幾十萬倍的『暴發運』、『偏財運』的運氣？運氣還有不好的嗎？是故，規劃『偏財運』、『暴發運』的時間，並掌握它，就是維持延長其旺運時間的第一大方法。

暴落時要謹慎維持運程水平是第二大方法

『偏財運』與『暴發運』一定都有暴落現象。因為有『暴起』就會有『暴落』。這是一個拋物線原理。

暴落現象通常在『偏財運』或『暴發運』爆發之後兩、三年中就會發生了。例如『辰戌武貪格』的人，子、丑、午、未都是可能『暴落』的年份。『丑未武貪格』的人，卯、酉年是暴落的年份。『子午火貪格』的人更快，第二年走『同巨運』便開始暴落了。因此，『暴落』的問題是不能不重視，也不能不把它計算在內的。既然爆發了『偏財運』、『暴發運』，一切都很快樂，但隱隱約約還有隱憂，這不是很惱人嗎？

俗語道：『人無遠慮，必有近憂！』

因此我們要在屬於『偏財運』、『暴發運』的『暴落運程』的日子裡也絕對不能放鬆。不可任由運程的低落，而自己不努力。你必須保持一個人生的標準，這個標準包括了事業上、知識上、金錢財富、家庭生活上，待人處事上的一切標準，絕不讓自己低於自訂的這個標準。

如此，你才能夠在未來旺運升起的機會中得到第一流的『暴發運』或『偏財運』。倘若此人本身的人生標準訂得太低，縱然有『暴發運』、『偏財運』來臨，也不過是隨便爆發一點『小小的錢財』或是『小小的好運機會』罷了，其爆發威力是無法相互比擬的。

我們也可以看到威京集團的沈慶京先生，他在二十幾歲所暴發之偏財運，和他目前五十多歲（龍年時）要再爆發偏財運，兩者那一個威力大呢？當燃是現在的威力大囉！因為此刻他的人生財富及各方面的標準比起二十多歲時，實際是高得太多了嘛！成本雄厚所致呀！

不要把雞蛋全放在一個籃子裡是第三大方法

『偏財運』及『暴發運』都有暴起暴落的狀況。暴起時很快樂，但會令人茫然。暴落時，人生很淒涼。

既然『偏財運』格和『暴發運格』已然在人們的命格中存在，很多人，根本就逃不出這種『暴發運程』的命運組織。那為什麼不好好利用這種天賦異稟的『偏財運程』和『暴發運程』呢？況且我們還連每一個爆發的時間全都知道了呢！

現在我們就來看看如何能躲掉『暴落』的命運。

第一、在極端快樂中，也要訓練自己能立刻冷靜下來思考問題的能力。以防止自己樂極生悲。

第二、在你的偏財運、暴發運爆發時，勢必吸引許多各式各樣的朋友在你的四周，因此你必須先學會『看人的本領』。不要讓別人幫著增加你『暴落』的速度。

第三、預先準備『暴落』時的貴人

既然已經知道偏財運與暴發運有『暴起暴落』的現象了。早一點準備一個屬於自己的貴人實屬必要。

這個貴人必須非常忠實、可靠、誠實、守信的幫你守住爆發得來的財富、房地產，以及一切因暴發運、偏財運而增多的利益。在你『暴落』時替你完整的看守它。等到『暴落』的年份過後，還能完整的還給你。

第四、凡是具有『偏財運』格及『暴發格』的人，在本身性格上都有孤獨的僻好，又常不信邪。當遇到『暴落』時期的時候，心情鬱悶難解，常會做出傻事。因此最好有宗教信仰，以平衡情緒的低落。等到運氣向上翻升時再繼續努力。

第五、在『偏財運』、『暴發運』的尾端，便不可再做投資了。很多人因爆發『偏財運』、『暴發運』了以後，有了權勢、財富，便拼命投資，但是這也加速『暴落』的速度。『偏財運』與『暴發運』都是極度的旺運。也都是『旺』到最高點的運氣。凡事到了極至，就必定要走下坡路線了。這也是所有運氣的一個特徵。『偏財運』、『暴發運』至尾端時，實是運氣已開始向下滑落，再在此時繼續投入投資，當然只有加速『暴落』敗亡的速度了。

◎驚爆偏財運

每一個命盤格式，以及每一個『偏財運格』、『暴發運格』，都有其固定『暴落』的年限，與『爆發年限』。這在我的許多本書中都曾多次提到，因此大家可以參考一下，加緊注意『暴落』的年限，減少投資，只進不出。在這些屬於『暴落』的年份裡，最好做一份公職，有固定的收入，兢兢業業，自然就能躲過『暴落』的命運了。

第十九章　流年、流月、流日的看法

流年的看法：

流年是指當年一整年的運氣。子年時就以『子』宮為當年的流年。以『子』宮中的主星為該年的流年命宮的主星。倘若是丑年，就以『丑宮』為流年命宮，宮中的主星就是流年運氣了。以此類推。

卯年中，以『卯宮』為流年命宮，寅宮為流年兄弟宮、丑宮為流年夫妻宮，子宮為流年子女宮，亥宮為流年財帛宮，戌宮為流年疾厄宮，酉宮為流年遷移宮，申宮為流年僕役宮（朋友宮），未宮為流年事業宮，午宮為流年田宅宮，巳宮為流年福德宮，辰宮為流年父母宮。如此就可觀看你卯年一年當中與六親的關係，及進財、事業的行運吉凶了。

流月的看法：

流月是指一個月中的運氣。

要算流月，要先找出流年命宮（例如卯年以卯宮為流年命宮），再由流年命宮逆算自己的生月，再利用自己的生時，從生月之處順數回來的那個宮，就是你該年流年的一月（正月）。

舉例：某人是生在五月卯時。卯年時正月在寅月（從卯逆數五個宮，再順數子丑寅卯四個宮位就是正月）

4月 巳	5月 午	6月 未	7月 申
辰 3月			8月 酉
卯 2月			9月 戌
1月 寅	12月 丑	11月 子	10月 亥

＊幾月生就逆數幾個宮位，幾時生就順數幾個宮位，就是該年流月的正月，再順時針方向算2月、3月……

流日的算法：

流日的算法更簡單，先找出流月當月的宮位，此宮即是初一，順時針方向數，次一宮位為初二，再次一宮為初三……以此順數下去，至本月最後一天為止。（要注意：中國命理都是用陰曆算法，大月三十日，小月二十九日為一個月。）

流時的看法：

流時的看法更不必傷腦筋了！子時就看子宮。丑時就看丑宮、寅時看寅宮中的星曜……以此類推來斷吉凶。

生辰八字一把罩

流年轉運術

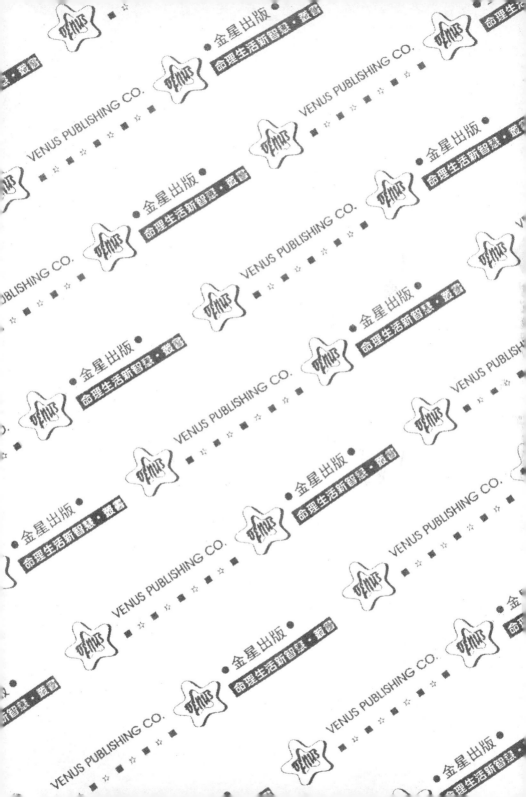